Robert Sommer

Locke's Verhältnis zu Descartes

Robert Sommer

Locke's Verhältnis zu Descartes

ISBN/EAN: 9783743494343

Hergestellt in Europa, USA, Kanada, Australien, Japan

Cover: Foto ©Thomas Meinert / pixelio.de

Weitere Bücher finden Sie auf **www.hansebooks.com**

Locke's Verhältnis zu Descartes.

Eine von der philosophischen Fakultät der Berliner Universität am 3. VIII. 1886 gekrönte Preisschrift

von

ROBERT SOMMER
Dr. phil., Cand. med.

BERLIN.
MAYER & MÜLLER.
1887.

Dem Andenken meines

theuren Lehrers

Dr. Heinrich von Stein

gewidmet.

Inhalts-Verzeichnis.

I.

Seite

Eigenart der Geschichte der Philosophie 1
Descartes geistige Entwickelung. Vorliebe für Mathematik; Skepticismus, „cogito ergo sum" 2
Innerer Befund 7
Methode 10
Benutzung der Prämissen 12
Materia extensa. Dualismus 13
Weiterbildung auf organischem Gebiet 16
Dogmatismus. Neuer Scholasticismus und Skepticismus 22

II.

Allgemeine Charakteristik Locke's im Gegensatz zu Descartes . . . 26
Der Gedanke der Verstandeskritik als Reaction gegen Descartes' dogmatische Metaphysik 27
Verhältnis von Locke's „reflection" zu Descartes' „cogito, ergo sum" 31
Verhältnis von Locke's „sensation" zum Dualismus Descartes' . . . 34
Resultate dieser Wirkung a) Vertiefung des englischen Geistes, b) erkenntnistheoretische Begründung des Empirismus 36
Keime zum absoluten Idealismus. Trotzdem Festhalten an der „Ähnlichkeit" der ersten Qualitäten 38
Beziehung Locke's zu Descartes im Laufe der Untersuchung . . . 42
Locke's geschichtliche Eigenart: Descartes' Dogmatismus 55
Locke's positive Moral im Gegensatz zu Descartes 58
Descartes' Kirchlichkeit, Locke's Naturreligion. Gang der Aufklärung 60
Schluss. Locke der richtige Weiterbildner Descartes 62

Wenn man unter dem Begriffe „Geschichte" im Allgemeinen die Darstellung der Entwickelung eines Dinges in seinen wechselnden Formen versteht, so zeigt die Geschichte der Philosophie eine bemerkenswerte Abweichung von diesem gemeinsamen Wesen. Sie stellt nicht die ununterbrochene Weiterentwickelung einzelner Begriffe dar, etwa wie die Weltgeschichte die continuierliche Aufeinanderfolge der Ereignisse des Völkerlebens, ihr Interesse concentriert sich auf einzelne bedeutsame Persönlichkeiten, von denen jede zunächst eine Welt für sich bildet, die nicht nur Glieder in der Kette sind, sondern für sich bestehende, abgeschlossene Wesenheiten.

Diese bedeutsamen Erscheinungen haben eine Analogie mit den Höhepunkten der Kulturgeschichte, mit dem Unterschiede, dass man bei letzteren thatsächlich den allmählichen Wechsel, die Übergangsperioden geschichtlich darstellen kann, während der genetische Zusammenhang bei den philosophischen Erscheinungen sich gewissermassen sekundär aus der Vergleichung der grossen Einzelpersönlichkeiten ergiebt.

Den tieferen Grund dieses Verhältnisses muss man sicher darin finden, dass die philosophischen Meisterwerke eben das feinste Produkt, der geistige Niederschlag einer herrschenden Kultur sind, dass eine Denkrichtung über die schwankenden Übergangszustände hinaus zu einer gewissen Intensität gelangt sein muss, bevor ein Denker ersteht, der sie in höchster Vollendung darstellt. Jene bedeutenden Denker gleichen den mächtigen Bodenerhebungen, welche man im Meere durch Hunderte von Meilen geschieden mit dem Senkblei entdeckt; man kennt nicht die niedrigeren Bodenzüge, welche diese hervorragenden Gipfel verbinden und doch kann man aus den heraufgeholten Bestandteilen ihre Verwandtschaft erkennen.

So scheinen zwei Denker wie Locke und Descartes in der Gesammterscheinung ihrer Werke auf den ersten Anblick nicht den mindesten inneren Zusammenhang zu haben, und doch dürfen wir uns nicht wundern, wenn wir bei einer genaueren Untersuchung doch vielleicht eine verwandtschaftliche Beziehung, vielleicht einen causalen Zusammenhang entdecken.

Sehen wir zu, ob sich bei einem ausgeführten Vergleiche zwischen diesen beiden hervorragenden Denkern diese Vermutung bestätigt.

Aus der angedeuteten Eigenart der philosophischen Erscheinungen ergiebt sich für unseren Vergleich eine Eigentümlichkeit der Anordnung. Wir können nicht die einzelnen Vergleichungspunkte neben einander aufführen, etwa wie die correspondierenden Punkte zweier parallelen Linien, sondern müssen erst die cartesianische Weltanschauung als Ganzes entwickeln, bevor wir Locke dazu in Beziehung setzen können. Auf diese Weise kann das Charakteristische bei Descartes besser zum Ausdruck kommen, und je klarer dadurch der Gegenstand der Beziehung, je anschaulicher uns das Wesen Descartes' wird, desto klarer wird uns die Beziehung selbst, Locke's Verhältnis zu Descartes werden. — —

Wenn man die gedanklichen Leistungen eines geistig hervorragenden Menschen ein philosophisches System (συνιστάναι) nennt, so bezeichnet man damit sehr gut das Architektonische, das Constructive, durch welches erst eine Menge einzelner, vielleicht spontan in einem Geiste aufschiessender Gedanken zu einem wirklichen abgeschlossenen Gedankengebäude vereinigt werden.

Ebensowenig nun, wie ein eigenartiger Baustil willkürlich durch eine Art architektonischer Phantasie geschaffen werden kann, sondern nur entsteht als natürliche, notwendige Äusserung der eigentümlichen Gemütsbeschaffenheit eines Volkes, welche nach ihrem künstlerischen Ausdruck ringt, ebensowenig kann man sich ein philosophisches System als blosses Begriffsgebilde, als reines Erzeugnis des abstrakten Denkens vorstellen, sondern auch hier müssen wir nach der Triebkraft suchen, welche in der eigenartigen Architectur der logischen Bausteine ihre Erscheinungsform gefunden hat.

Wenn es im Allgemeinen viel schwieriger ist, den inneren Geist eines Gedankengebäudes aufzufassen als den eines körperlichen Bauwerkes, welcher in uns unmittelbar durch den Sinneseindruck rege gemacht wird, so hat uns Descartes wenigstens einen offenen Einblick in seine Seele gewährt, und uns selbst das Motiv aufgezeigt, welches ihm den fortwährenden Antrieb zu seinen gedanklichen Leistungen gegeben hat.

Der Drang nach einer positiven, sein Gemüt befriedigenden Wahrheit, dessen negative Äusserung der Ekel an dem Spielen mit inhaltslosen Worten war, wie es ihm im Scholasticismus entgegentrat, — der Trieb seines Gemütes, aus dem trostlosen Jammer des Skepticismus, der Gemeinkrankheit seiner Zeit, herauszukommen, das war die ruhelos wirkende Kraft, welche seinen Gedankenbau hervorwachsen liess.

Da diese Kenntnis des inneren Motivs einmal sehr viel zur allgemeinen Charakteristik Descartes beiträgt, andererseits sich gerade in dieser Beziehung bei Locke ein merkwürdiger Gegensatz zeigen wird, so wollen wir hier im Anschluss an die Autobiographie, welche uns Descartes als Bestandteil seiner Dissertatio de methodo geliefert hat, diesen inneren Vorgängen etwas genauer nachgehen.

Mit kindlichem Vertrauen auf die Unfehlbarkeit der Wissenschaft, in der frohen Hoffnung auf Stillung seines Wahrheitsdurstes an der Brust dieser alma mater, betritt er die Hallen der scholastischen Weisheit. „Quoniam a praeceptoribus audiebam litterarum ope certam et evidentem cognitionem eorum omnium quae ad vitam utilia sunt acquiri posse, incredibili desiderio discendi flagrabam." (Dissert. de methodo I. 6.)*)

Aber je länger er lernt, desto klarer wird ihm, dass hier zwar sehr vieles in utramque partem mit glänzender Bered-

---

*) Die Stellen sind sämmtlich citiert nach „Renati Descartes Opera philosophica. Editio ultima. Amsterdam 1685."

samkeit behandelt, dass ihm aber ein Positives nicht gegeben wird, und er zieht sich das Resultat daraus: (De meth. cap. I pag. 5.) Quidquid ut probabile tantum offertur, propemodum pro falso habendum est. Quod ad caeteras scientias, quoniam a philosophia principia sua mutuantur, nihil illas valde solidum et firmum tam instabilibus fundamentis superstruere potuisse arbitrabar.

Ganz im Gegensatz hierzu giebt ihm die Mathematik mit der sicheren Notwendigkeit ihrer Schlussfolgerungen und der Rückführung auf wenige feststehende Axiome eine gewisse Beruhigung; der junge Descartes treibt die Mathematik nicht bloss, weil in ihm eine adaequate Beanlagung vorhanden war, sondern er fasst von vornherein die Eigenart der Mathematik in ihrer Bedeutung für das Bedürfnis des menschlichen Geistes nach Wahrheit auf. (De meth. I pag. 4.) Mathematicis disciplinis praecipue delectabar ob certitudinem atque evidentiam rationum quibûs utitur.

Die Unbefriedigung durch den Begriffskram des scholastischen Wissens ist zunächst in dem jungen Descartes etwas rein Negatives, noch hat er nichts aus eignen Mitteln dafür einzusetzen, und sie führt ihn daher zum Zweifel an der Möglichkeit richtiger Erkenntnis.

Aber dieser Zweifel, der aus einem ganz persönlichen Motiv entspringt und sich aus Descartes' natürlicher Beanlagung erklärt, würde nur eine subjektive Bedeutung gehabt haben, wenn er nicht eine zeitgeschichtliche Förderung erfahren hätte, derart, dass eine seine ganze Zeit bewegende Frage ihn in derselben Richtung trieb, auf welche ihn seine eigene Natur schon gelenkt hatte. (Dissert. de methodo cap. II pag. 17.) Duas solis ideas apud me invenio unam tanqum a sensibus haustam . . . . ., per quam mihi valde parvus apparet; aliam vero ex rationibus Astronomicis desumptam.

Durch die grossen astronomischen Entdeckungen war es nämlich zu Tage gekommen, dass der Augenschein, welcher die Erde zum Centrum der Welt gemacht hatte, trügerisch ist, und indem sich bei Descartes zu seinem Zweifel an der scholastischen Wissenschaft der Gedanke von der Unrichtigkeit der sinnlichen Erkenntnis gesellt und er diese Gedankenrichtung mit Intensität bis zum äussersten Punkt verfolgt, brechen die Wogen eines bewussten Skepticismus mit Gewalt auf seine Seele ein.

In abgeklärter, künstlerischer Form, welche durch ihre Ruhe und Eleganz anzeigt, dass zur Zeit der Abfassung diese inneren Kämpfe schon durch die Entdeckung eines Positiven zur Ruhe gebracht waren, hat Descartes diesen skeptischen Jammer in den ersten der „Meditationes" dargestellt. (Medit. prima pag. 15.) Aggrediar statim ipsa principia quibus illud omne, quod olim credidi nitebatur. Nempe quidquid hactenus ut maxime verum admisi, vel a sensibus vel per sensus accepi; hos autem interdum fallere deprehendi ac prudentiae est, nunquam illis plane confidere, qui nos vel semel deceperunt.

Die Vertiefung in den Gedanken von der Unsicherheit der sinnlichen Erfahrung bringt ihn auf die erste ins Dunkle hinabführende Stufe des Skepticismus, die zweite Stufe betritt Descartes durch die Betrachtung des Traumlebens, welches uns ebensolche Gestalten vorgaukelt, wie die sogenannte Wirklichkeit sie bietet; mit Energie weiterverfolgt und ausgedacht führt diese Gedankenrichtung zu dem trostlosen Resultat: (Med. I pag. 8.) Putabo caelum, aerem, terram, colores, figuras, sonos cunctaque externa nihil aliud esse quam ludificationes somniorum, quibus insidias (malignus aliquis genius) credulitati meae tetendit.

Von solchem Skepticismus befangen, mit dem Drange nach Wahrheit, verlässt Descartes die Hallen der Schulweisheit und zieht in die von den Wirrsalen des dreissigjährigen Krieges bewegte Welt, um die „Wahrheit" zu suchen, wie Peter Schlemiehl seinen Schatten, den Reisespruch vor sich hersprechend: „Ich weiss, dass ich nichts weiss." (Dissert. de meth. pag. 6.) Qua propter ubi primum mihi licuit per aetatem, e praeceptorum custodia exire, litterarum studia prorsus reliqui; captoque consilio nullam in posterum quaerendi scientiam nisi quam vel in me ipso vel in vasto mundi volumine possem requirere, insequentes aliquot annos variis peregrinationibus impendi.

Die eigenartige Tendenz bei seinem Reisen ist für Descartes' Wesen sehr charakteristisch, es ist nicht Thatendurst, der Ausfluss einer energischen Persönlichkeit, was ihn in die Welt treibt, sondern der Drang seines unruhigen Gemütes. (Dissert. de meth. pag. 6.) Ac semper scientiam verum a falso dignoscendi summo studio quaerebam.

Aber auch hier sieht er seine Hoffnungen getäuscht, das Bild, welches ihm diese Welt bietet, ist noch verwirrter als die Begriffe seiner alten Präceptoren. (pag. 6.) Fateor me vix quidquam certi didicisse quamdiu sic tantum aliorum hominum mores consideravi, tot enim in iis propemodum diversitates animadvertebam quod ante in opinionibus Philosophorum.

Und so wird er mit Notwendigkeit durch diese Erfahrungen, die ihm zeigen, dass weder Leben noch Wissenschaft ihm die gesuchte Wahrheit schaffen können, auf eine innere Einkehr in die eigene Persönlichkeit gedrängt, wozu sich ihm die äussere Gelegenheit in der Einsamkeit eines germanischen Winterquartiers bietet. (De meth. II, pag. 7.) Hiemandum forte mihi fuit in quodam loco, ubi quia nullos habebam, cum quibus libenter colloquerer, totos dies solus in hypocausto morabar ibique variis meditationibus placidissime vacabam.

Hier findet Descartes seine eigentliche Natur, er verlässt das Gebiet der Erscheinungen, welches ihn verwirrt, er wendet sich auf sein Inneres und hier findet er den archimedischen Punkt, auf welchem fussend er die Welt des skeptischen Wirrsals aus den Angeln hebt. (Princ. philos. I cap. VII, cfr. ferner De meth. IV, Meditat. sec. pag. 11.) Supponimus nullum esse Deum, nullum coelum, nulla corpora, ... non autem ideo nos qui talia cogitamus nihil sumus: repugnat enim ut putemus id quod cogitet, eo ipso tempore quo cogitat, non existere. Ac proinde haec cognitio: „ego cogito, ergo sum" est omnium prima et certissima, quae cuilibet ordine philosophanti occurrat.

Dieses Zurückgehen auf die einfachste innere Erfahrung, diese Neuentdeckung der geistigen Natur des Menschen, welche gewissermassen erst wieder aus dem Wust scholastischer Begriffe und skeptischer Irrtümer herausgegraben werden musste, ist die philosophische That Descartes' und das formale Resultat dieser inneren Einkehr, das cogito ergo sum, wird von ihm zur Basis seines ganzen Systems gemacht. Jetzt hat er etwas gefunden, was er gegen alle logischen Spitzfindigkeiten und gegen alle Zweifel erhaben statuieren kann, aus dem unbefriedigten Schüler aristotelischer Weisheit und dem verzweifelnden Skeptiker wird in diesem Augenblick, wo er das cogitare est mit aller Intensität erfasst, ein Schöpfer, der aus sich heraus eine Welt gestaltet. (De meth. IV pag. 20.) Et quia videbam veritatem huius pronunciati „ego cogito, ergo sum sive existo" adeo certam esse atque evidentem, ut nulla tam enormis dubitandi causa a Scepticis fingi possit, a qua illa non eximatur, credidi me tuto illam posse ut primum eius quam quaerebam Philosophiae fundamentum admittere. — — —

Nachdem er Stillstand in das schwindelerregende Kreisen der skeptischen Trugbilder gebracht hat, wendet sich Descartes, ohne sich zunächst um das Ob und Wie der ausserhalb seines Geistes vorhandenen Dinge zu kümmern, mit Beschaulichkeit auf die in ihm vorhandenen Vorstellungen, er fängt an, seinen inneren Befund aufzustellen. (Princ. phil. I XIII.) Cum autem mens, quae se ipsam novit et de aliis omnibus rebus adhuc dubitat, undiquaque circumspicit, ut cognitionem suam ulterius extendat, primo quidem invenit apud se multarum rerum ideas, quas quamdiu tantum contemplatur, nihilque ipsis simile extra se esse affirmat nec negat, falli non potest. Invenit etiam communes quasdam notiones et ex his varias demonstrationes componit, ad quas quamdiu attendit, omnino sibi persuadet esse veras.

Neben den Vorstellungsbildern, von denen er noch nicht weiss, ob sie ein reales Correlat haben, und ausser gewissen, ihm von seiner mathematischen Beschäftigung her vertrauten Grundsätzen, die allgemeine Giltigkeit beanspruchen, deren

Richtigkeit sich aber anzweifeln lässt, findet er bei seiner inneren Einkehr zwei tief eingewurzelte Ideen, die er sofort mit der ganzen Intensität seiner Denkkraft erfasst: **Gott** und **Willensfreiheit**. Er kommt zu diesen Begriffen, welche in seiner Seele schon als Activitäten vorhanden waren, als sein Verstand noch in der Skepsis umherirrte (cf. Princ. philos. I 37: tunc temporis non dubia videbantur), durch direkte innere Erfahrung, alle seine Beweise dafür sind nur Versuche, diese durch Intuition koncipierten Wahrheiten auf eine rationale Formel zu bringen.

Dieses Verhältnis tritt deutlich in der Unterschiedlichkeit der hierhergehörigen Stellen aus den „principia philosophiae" und den „meditationes" hervor; dort, wo er einer wohlgesinnten Schülerin (Prinzessin Elisabeth von Böhmen) seine Ansichten entwickelt, tritt die Unmittelbarkeit, mit welcher er diese Dinge in seinem Inneren erfasst, viel mehr zu Tage als in den zur akademischen Vertheidigung eingerichteten Meditationes, wo er sich mit dem starken Rüstzeug seiner logisch-mathematischen Methode, welche wir alsbald kennen lernen werden, zur Vertheidigung seiner geistigen Güter gewappnet hat. Da mir die Priorität der inneren Konception vor der logischen Formulierung sehr wichtig erscheint, so mögen die betreffenden Stellen hier angeführt werden: (Princ. phil. I 14.) Considerans inter diversas ideas quas apud se habet unam esse entis summe intelligentis, summe perfecti et summe potentis, quae omnium longe praecipua est, agnoscit in ipsa existentiam non possibilem et contingentem tantum, quam admodum in ideis aliarum rerum, quas distincte percipit, sed omnino necessariam et aeternam. Hier ist also der unmittelbare Schluss von der Idee eines höchsten Wesens, in welcher Realität als Begriff implicite enthalten ist, auf seine objektive Realität, welcher in dem Anselm'schen Gottesbeweis vergeblich zu einem rationalen zu machen gesucht wird, ganz evident. Hier in den Principia philosophiae spricht Descartes (I XIX.) offen aus, dass es für den, der die Erfahrung Gottes in sich gemacht hat, weiter keines Beweises bedarf:

Hocque satis certum est et manifestum iis qui Dei ideam contemplari summasque eius perfectiones advertere sunt assueti.

Ganz entsprechend ist seine Statuierung der Willensfreiheit nicht etwa das Resultat einer kritischen Untersuchung, sondern sie ist nur die begriffliche Formulierung einer mit grosser Intensität gemachten inneren Erfahrung. (Princip. phil. I 39): Quod autem sit in nostra voluntate libertas et multis ad arbitrium vel assentiri vel non assentiri possimus, adeo manifestum est, ut inter primas et maxime communes notiones, quae nobis sunt innatae, sit recensendum.

Descartes weiss selbst ganz genau, dass die in dem Begriffe des höchsten Wesens implicite enthaltene Allwissenheit Gottes im schärfsten Widerspruche steht mit der Willensfreiheit des Menschen; wenn er sich dadurch aber nicht irre machen lässt, sie aufrecht zu erhalten, so sehen wir daraus, wie wertvoll ihm seine innere Erfahrung geworden ist, nachdem er durch die Einkehr bei sich selbst die Zauberformel cogitare est gefunden hat. Wir erkennen hier eine naturgemässe Reaction: auf den übertriebenen Skepticismus erfolgt ein unbedingtes Vertrauen auf die Resultate der inneren Wahrnehmung. (Pr. phil. I 50.) Facile possumus nos ipsos magnis difficultatibus intricare, si hanc Dei praeordinationem cum arbitrii nostri libertate conciliare, atque utramque simul comprehendere conemur.

Er hilft sich über diesen Widerspruch durch die ganz ungenügende Argumentation hinweg, dass unser Verstand finitus sei, Gott hingegen in allen Eigenschaften infinitus; in Wirklichkeit will er einfach die eine innere Erfahrung, eben weil sie eine solche ist, nicht wegen der anderen aufgeben, selbst wenn logische Verwickelungen daraus hervorgehen. l. 51. Absurdum esset propterea quod non comprehendimus unam rem, quam scimus ex natura sua nobis esse debere incomprehensibilem, de alia dubitare, quam intime comprehendimus atque apud nosmet ipsos experimur.

Das Geistige im Menschen, Gott und Willensfreiheit, das sind die drei Grundwahrheiten, welche Descartes bei seiner inneren Einkehr entdeckt hat, und es sind die drei Wurzeln, aus denen alles hervorspriesst, was wir in seiner Totalität Descartes' System nennen.

So wachsen aus drei neben einander gepflanzten Keimen drei Bäume hervor und verschlingen oben ihre Wipfel derart, dass wir von einem Laubdach reden zu dürfen glauben, welches von drei Säulen getragen wird. Noch besser aber können wir Descartes' System vergleichen mit einem jener im tierischen Organismus vorkommenden Gewebe, wo das wirkliche Leben nur in einzelnen Zellen sitzt, die von sich verbindende Fasern ausschicken, welche, an sich leblos, die belebten Kernpunkte zu einem einheitlichen Gewebe vereinigen. — — — —

Bevor wir nun zu der begrifflichen Weiterbildung, zu den Konsequenzen, welche sich aus den drei gegebenen Prämissen ergeben, übergehen, wollen wir sehen, was für ein Rüstzeug sich Descartes unterdessen gefertigt hat, um die ihm teuren Wahrheiten gegen allen Zweifel zu vertheidigen.

Es wurde oben darauf hingewiesen, wie Descartes schon als Schüler die Mathematik nicht nur von einer Naturanlage geleitet sondern aus einem inneren Motiv, man möchte sagen mit einer hoffnungsvollen Freude an der Einfachheit ihrer Grundbegriffe, der konsequenten Weiterbildung und der Unbestreitbarkeit der Resultate zu seiner Lieblingsbeschäftigung wählte. (Dissert. de meth. II. pg. 12). Longae illae valde simplicium et facilium rationum catenae, quarum ope Geometrae ad rerum difficillimarum demonstrationes ducuntur, ansam mihi dederunt existimandi ea omnia quae in hominis cognitionem cadunt eodem pacto se mutuo sequi.

Ebenso nun wie seine Skepsis, die wir zunächst aus einem persönlichen Motiv ableiteten, eine Unterstützung fand an der seiner ganzen Zeit zu grossem Erstaunen erwiesenen Thatsache von der Unrichtigkeit der sinnlichen Wahrnehmung, derart, dass er mit seinem übertriebenen Skepticismus zum Repräsentanten seiner Zeit wurde, so erfährt auch sein mathematisches Interesse eine zeitgeschichtliche Förderung, und zwar durch dieselben astronomischen Entdeckungen, welche seine Skepsis zu solcher Entfaltung gebracht hatten. Dieses eigentümliche Verhältnis hat seinen Grund in der Doppelseitigkeit dieser astronomischen Entdeckungen, welche den Beweis für die trügerische Beschaffenheit des Augenscheins eben dadurch lieferten, dass sie auf mathematischem Wege zu einer anderen unanfechtbaren Erkenntnis gelangten.

Diese Doppelseitigkeit tritt ganz deutlich in einem Satze der dritten Meditation hervor: (pg. 17.) Duas solis ideas apud me invenio unam tanquam a sensibus haustam et quae maxime inter illas, quas adventicias existimo, est recensenda, per quam mihi valde parvus apparet; aliam vero ex rationibus Astronomicis desumptam, per quam aliquoties maior quam terra exhibetur.

Wie wir vorher auf den grössten Zweifel an der Realität der Aussenwelt durch natürliche Reaction einen zu grossen Verlass auf die Ergebnisse der inneren Erfahrung hervorgehen sahen, ganz entsprechend geht aus dem Zweifel an der Möglichkeit richtiger Erkenntnis auf Grundlage der Wahrnehmungen durch einen Fall in's entgegengesetzte Extrem ein übertriebener Verlass auf eine logisch-mathematische Methode hervor.

So sehen wir auch hier den inneren Zusammenhang des Philosophen mit seiner Zeit, er ist zugleich Repräsentant derselben, indem er ihre Denkrichtung bis zum Äussersten verfolgt, zugleich aber bildet er sie weiter, indem er aus sich heraus das Heilmittel für ihre geistige Bedrängnis schafft.

Das Wesen jener Methode ist das denkbar einfachste, es besteht in der Durchführung der einfachsten Regeln des mathematischen Beweisens bei jeder begrifflichen Darlegung, Descartes fordert das Ausgehen von einer unbestreitbar richtigen, allgemein anerkannten Prämisse und ganz allmähliches Ziehen der Consequenzen; aber nicht deshalb ist Descartes bedeutend, weil er auf den Gedanken dieser Anwendung der mathematischen Regeln auf die sonstigen Gebiete des abstrakten Denkens gekommen ist, welche ja in der Logik schon zum Teil gemacht war, sondern seine eigenartige Grösse liegt in der unerbittlichen Energie, mit welcher er die Consequenzen der ihm einmal unerschütterlich feststehenden Prämissen wirklich durchführt. Descartes' methodus ist nicht ein von ihm durch kritische Beleuchtung in's Klare gebrachter Begriff, sondern eine praktische Regel, ein formaler kategorischer Imperativ, welcher jeder Vielgestaltigkeit des Gedankens hemmend entgegentritt und die freie Aufeinanderfolge der Vorstellungen in sein Schema zwingt. Wir werden darum diese Eigenart der Methode am besten kennen lernen, wenn wir jetzt den Philosophen bei der Deduktion von den gegebenen Voraussetzungen verfolgen. — — — —

Zunächst nun leitet er die Richtigkeit der zu seinem inneren Befund gehörigen, allgemeine Anerkennung beanspruchenden Grundsätze (notiones communes) und damit die Möglichkeit der wissenschaftlichen Erkenntnis, welche sich auf jenen Grundsätzen aufbaut, ab von seiner Voraussetzung eines den Menschen wohlgesinnten Gottes. (Princ. phil. I 30) Merito enim decepter esset dicendus si perversam illam (sc. cognoscendi facultatem) ac falsum pro vero sumentem nobis dedisset. Ita tollitur summa illa dubitatio.

Quin et aliae omnes dubitandi causae prius recensitae, facile ex hoc principio tolluntur. Non enim amplius mathematicae veritates nobis suspectae esse debent, quia sunt maxime praecipuae.

Gerade dieses Zurückführen der wissenschaftlichen Grundbegriffe und somit der gesammten Erkenntnis auf einen metaphysischen Gott ist ein sehr wichtiger Zug bei Descartes und verdient hier besonders hervorgehoben zu werden, weil sich hier eine principielle Verschiedenheit Locke's nachweisen lassen wird. —

Neben der Wahrhaftigkeit Gottes, welche Descartes als Bürgschaft für die Richtigkeit unseres Erkennens hinstellt, steckt implicite in dem Begriff des höchsten Wesens auch die Allmächtigkeit, und dieser Begriff wird von Descartes ganz besonders hervorgekehrt und zur theoretischen Begründung der geoffenbarten Religion benutzt. Der mit unendlichen Kräften ausgestattete Gott ist natürlich imstande, durch direkte Offenbarung dem menschlichen Geiste Wahrheiten zu enthüllen; und indem Descartes diese Folgerung mit besonderer Betonung zu wiederholten Malen vorbringt, erweist er dem bestehenden Kirchenglauben seine Reverenz. (Princ. phil. I xxv) Ita si forte Deus de se ipso vel aliis aliquid revelet, quod naturales ingenii nostri viros excedat, qualia jam sunt mysteria Incarnationis et Trinitatis, non recusabimus illa credere, quamvis non clare intelligamus. (cap. 76.) Memoriae nostrae pro summa regula infigendum est, ea quae nobis a Deo revelata sunt ut omnium certissima esse credenda.

Bei Descartes ordnet sich der Verstand noch dehmütig unter den Kirchenglauben, aber schon sein ontologischer Gottesbeweis enthält ein Aufklärunngsmotiv, da sich darin der Verstand selbstthätig zu Gott erhebt, und dementsprechend will er da, wo ihm das kirchliche Dogma freies Feld lässt, keineswegs sein lumen naturale unter den Scheffel stellen. (Princ. phil. 76). Sed in iis, de quibus fides divina nihil nos docet, minime decere hominem philosophum aliquid pro vero assumere, quod verum esse nunquam perspexit. — — — —

Descartes sucht nun also, von dem in dem cogitare est gewonnenen Ausgangspunkte weiter in der Erkenntnis der Dinge vorzudringen, aber schon bei dem ersten Schritte, den er thut, kann man erkennen, wie er unwillkürlich der Richtung seiner subjektiven Beanlagung folgt, wie er von vornherein die Dinge nicht vorurteilsfrei sondern im Lichte seines eigenartigen Geistes sieht.

Man kann den Fortschritt am deutlichsten erkennen in der zweiten der Meditationen, während welcher man sich Descartes in Sinnen verloren am Kamin sitzend zu denken hat.

Das cogitare est, das Geistige im Menschen ist ihm klar geworden, nun drängt sich ihm die Frage nach dem „Aussergeistigen" auf. Quid est, quod a mea cogitatione distinguatur? quid est quod a me separatum dici potest? Hier liegt offenbar schon in der Fragestellung mit ihrer scharfen Unterscheidung des erkennenden Subjectes von dem zu erkennenden Object implicite die Anschauung, dass diese beiden Dinge principiell verschieden sind und man wird unwillkürlich zu Gunsten dieser Anschauung, welche für alle weiteren Ausführungen grundlegend wird, durch die blosse Fragestellung eingenommen.

Descartes fingiert nun weiter, dass er mit seiner Frage auf den Lippen ein Stück Wachs ergreift, um sich in der Betrachtung des Einzelnen über das Ganze klar zu werden. (Med. sec. pg. 12.) Sed ecce, dum loquor igni admovetur, saporis reliquiae purgantur, odor exspirat, color mutatur, figura tollitur, crescit magnitudo, fit liquida, fit callida, vix tangi potest; nec jam si pulses, emittet, sonum et tamen remanet adhuc eadem cera.

Das Stück Wachs ändert unter seinen Händen alle sinnlichen Eigenschaften, so dass es durch die aus der Wahrnehmung geschöpften Daten in seinem Wesen nicht bestimmt werden kann. Descartes bringt also schon durch die Wahl seines Untersuchungsobjectes in uns ein Vorurteil gegen die sinnliche Erkenntnis hervor und macht seinen Leser geneigt, den äusserst wichtigen Satz zu acceptieren: atque ita quod putabam me videre oculis, sola iudicandi facultate quae in mente mea est comprehendo; ein Satz, durch welchen die abstract-mathematische Erkenntnisart hoch über die Sinneserkenntnis gestellt wird.

Diesem abstracten Nachdenken zufolge ist das Wachs nichts anderes als extensum aliquid flexibile mutabile, ebenso wie jeder in den mathematischen Vorstellungen vorkommende Körper. Die aussergeistige, körperliche Substanz hat also keine anderen Eigenschaften als Teilbarkeit und Beweglichkeit und alle Vorgänge in der körperlichen Welt müssen sich von diesen Eigenschaften ableiten lassen. Wir sehen, es treten hier gleich bei dem ersten Fortschritt von dem cogitare est aus zwei eigentümliche, zusammengehörige Züge hervor:

1) die Betonung des rein Intellektuellen gegenüber der Sinneswahrnehmung,

2) die scharfe Trennung des Erkennenden vom Erkannten, des erhaben Geistigen vom blind Materiellen; in beiden Fällen findet eine Betonung des abstracten Denkvermögens statt; und man sieht daraus, wie Descartes' Denken

unwillkürlich die Richtung annimmt, auf welche ihn seine eigene Beanlagung hinweist.

Dem entsprechend ist sein weiteres Vorgehen in der Erkenntnis der Dinge, Descartes verhält sich bei seiner Naturerkenntnis nicht receptiv, sondern er konstruiert die Welt aus den durch die obige Entwickelung gewonnenen Begriffen substantia cogitans und materia extensa unter Zuhilfenahme des allmächtigen Deus. (Princ. phil. I 48.) Non autem plura quam duo genera rerum agnosco, unum est rerum intellectualium sive cogitivarum, hoc est ad mentem sive ad substantiam cogitivam pertinentium, aliud rerum materialium sive quae pertinent ad substantiam extensam hoc est corpus. Diese beiden als principiell verschieden erkannten Wesenheiten sind durch Gott, auf dessen Allmacht rekurriert wird, zu einem Ganzen im Menschen verbunden, derart dass die materia extensa des Körpers bei jeder Veränderung imstande ist, auf die an sie gebundene substantia cogitans zu wirken; Geist und Körper haben nach dieser Anschauung eine Analogie mit zwei Kreisen von verschiedenen Mittelpunkten, welche ein gemeinsames Stück einschliessen. Aber trotz dieser Verbindung bleiben sie doch zwei ganz heterogene Wesen: (Princ. phil. I 60.) Ac etiamsi supponamus deum alicui tali substantiae cogitanti substantiam aliquam corpoream tam arcte coniunxisse, ut arctius iungi non possint, et ita illis duabus unum quid conflavisse, manent nihilominus realiter distinctae.

Der erste bedeutungsvolle Gedanke, welcher aus dieser scharfen Entgegensetzung hervorgeht, ist die Erkenntnis von der Subjektivität unserer Wahrnehmungen, die Erkenntnis, dass sie nur in dem Centrum unseres Intelligiblen zum Bewusstsein kommen, dass sie nur Modalitäten unserer substantia cogitans sind, selbst wenn wir sie unwillkürlich an einen Ort der Aussenwelt verlegen und annehmen, dass ihnen etwas Ähnliches in dieser entspricht. (Princ. phil. I 67.) Ut videntes exempli gratia colorem putaverimus nos videre remquandam extra nos positam et plane similem ideae illi coloris, quam in nobis tunc experiebamur.

Jetzt werden selbst die Gefühle, welche wir unwillkürlich an bestimmten Stellen unseres Körpers zu empfinden glauben, wie Schmerz, Kitzel, Berührungsgefühl als centrale Perceptionen erkannt, die wir nur vermöge einer notwendigen Täuschung nach den peripheren Punkten des Körpers verlegen. (Princ. phil. I 67) Titillatio ac dolor non in sola mente sive in perceptione nostra solent spectari, sed ut in manu aut in pede aut in quavis alia parte nostri corporis.

Es frägt sich nun, was sind das für Vorgänge in der Aussenwelt, durch welche diese Wahrnehmungen in uns wachgerufen werden. (Princ. phil. I 70) Idem est cum dicimus nos percipere colores in objectis ac si diceremus, nos percipere aliquid in objectis, quod quidem sit ignoramus sed a quo efficitur in nobis ipsis sensus quidem valde manifestus ac perspicuus qui vocatur sensus colorum.

Nun liessen sich auf logischem Wege an der aussergeistigen materia extensa keine anderen Eigenschaften verstehen als Teilbarkeit und Beweglichkeit, also können auch nur Bewegungsvorgänge die äussere Ursache der Sinnesqualitäten sein, welche zur Perception der substantia cogitans kommen.

Das tale, welchem in unserem Geiste ein quale entspricht, ist also nichts als ein Bewegungsvorgang der seelenlosen Materie. (Princ. phil. Pars secunda XXIII.) Omnes proprietates, quae in ea clare percipiuntur, ad hoc unum reducuntur, quod sit partibilis et mobilis secundum partes et proinde capax illarum omnium affectionum, quas ex eius partium motu sequi posse percipimus ..... Tunc enim per naturam intelleximus id per quod res omnes corporeae tales evadunt quales ipsas esse experimur. —

So sehen wir, wie sich gerade aus der intensiven Erfassung der Natur des Geistigen, des cogitare est, bei Descartes die klare Unterscheidung der Vorstellungswelt von der Welt der bewegten Materie ergeben hat. — — — — —

Sehen wir nun, mit welcher Konsequenz er seine Anschauung von der Natur der materia extensa, in welcher er keine anderen Eigenschaften erkennt als Teilbarkeit und Beweglichkeit, auf die Erklärung der einzelnen Erscheinungen und Vorgänge der materiellen Welt, zu welcher vor allem auch der menschliche und tierische Körper gehört, anwendet. Es ist ganz erstaunlich, wie er den naturwissenschaftlichen Befund seiner Zeit durch seine Ansicht zu erklären versteht, wie er die ganze reiche, unendliche Natur, die durch die grossen Renaissance-Entdeckungen kaum erst wieder aufgefunden war, in das Schema seiner Begriffe zwängt, so dass sie ihm unter der Hand zu einer Anhäufung von seelenlosen Materienpartikelchen wird, die nur im Menschen, wo eine mit Denken und Wollen begabte substantia cogitans hinzutritt, ein eigenes Leben bekommt. Es ist ein eigentümliches Schauspiel, zu sehen, wie Descartes, der an den Quellen des Metaphysischen sich Kräfte getrunken hat, diese nun anwendet, um die ganze Natur zu einer geistlosen Maschine zu machen, die wohl in ihrer Gesammtkonstruktion ein logisches Interesse hat, deren einzelne Teile, die Individuen, aber nur als Räder in diesem riesigen Uhrwerk etwas bedeuten.

In der Abhandlung, „de homine" hat er das Kunststück gemacht, aus kleinen Materienpartikeln einen Automaten zu konstruieren, welcher eine getreue Kopie des menschlichen Organismus, wie ihn der allmächtige Gott geschaffen hat, sein soll.

Da wir Locke's Auftreten nur richtig werden würdigen können, wenn wir erkannt haben, wie die Begriffe, welche bei Descartes von seiner inneren Einkehr, von seinem Versenken ins Metaphysische, also aus einer lebensvollen Quelle sich ableiten, bei ihrer Weiterbildung zum tötenden Formalismus führen, der nicht nur die Natur in sein Schema zwingt, sondern auch die freie Forschung in dogmatische Fesseln schlägt, — so wollen wir hier diese Abhandlung de homine einer genaueren Betrachtung unterziehen.

Descartes zeigt uns hier den menschlichen bzw. tierischen Körper als eine von Gott verfertigte Maschine, deren einzelne Funktionen sich ganz einfach durch die relative Grösse und Bewegungsquantität der einzelnen Materiepartikelchen erklären. (De homine cap. II) Suppono corpus nihil aliud esse quam terream statuam seu machinam, quam Deus formet

Die Auflösung der verwickeltsten Vorgänge im Organismus, vor denen noch heute mancher Physiologe mit ratlosem Staunen steht, durch seine Zauberformel von der materia extensa hat etwas so mathematisch-analytisches, oder besser, da er die Vorgänge gewissermaassen entstehen lässt, etwas so Construktives an sich, dass die Natur wie ein Rechenexempel erscheint, das sein Interesse verliert, sobald man die Lösung gefunden hat.

Die Verdauung ist nach Descartes selbstverständlich nur ein Transfusionsvorgang, der sich aus der relativen Grösse der Poren des Magens bezw. des Darmes und der Speisepartikel ganz einfach erklärt. (III pg. 5) non alia causa est, per quam illae a crassioribus secernuntur, quam parvitas istorum pororum.

Die Aufnahme der Nahrungsstoffe in den einzelnen Organen erklärt sich durch ein rein physikalisches Dagegenwerfen . . . protruditur, adeo ut haud difficulter se adiungere et unire queat omnibus eius partibus.

Schon diese beiden Beispiele würden genügen, um erkennen zu lassen, dass der Kartesianismus 1. im Allgemeinen durch scheinbare Lösung der Vorgänge der Vertiefung in das Leben der organischen Natur hinderlich sein muss, 2. im Speciellen ein Hindernis für jede chemische Auffassung der Lebensvorgänge werden muss (ad. 2 cf. Geschichte der Medicin v. Joh. Hermann Baas, S. 78).

Der Speisesaft gelangt durch die vena portae, Leber und vena cava in's Herz, in welchem eine grosse Wärme- d. h. Bewegungsquantität vorhanden ist. „Wärme" war ja als qualitas der substantia cogitans erkannt, welcher aussen ein Bewegungsvorgang entsprechen muss.) Durch diese wird das Blut plötzlich in Dampfform übergeführt und entweicht vermöge seiner nunmehrigen Expansionskraft durch die Lungenarterie. Durch den Zutritt der kalten eingeathmeten Luft wieder kondensiert, geht es durch die Lungenvenen in's Herz zurück, um abermals verdunstet zu werden. Durch die so entstehende Expansion kommt eine gleichzeitige Ausdehnung, eine gleichzeitige Pulsation des Herzens und der Arterien zustande. — Hier sind wir schon an einem Punkte, wo Descartes durch seine dogmatische Darstellung einen hemmenden Einfluss auf die eben erst durch die Entdeckung des Blutkreislaufes geförderte Naturwissenschaft üben muss.

Denn da nach Descartes' Auseinandersetzung Herz und Arterien sich zu gleicher Zeit ausdehnen und pulsieren, und man diese Anschauung nicht aufgeben kann, ohne die ganze Auseinandersetzung hinfällig zu machen, so kommt alsbald das kartesianische Dogma in Streit mit der experimentellen Naturwissenschaft, welche nachweist, dass der Herzpuls durch die Herzkontraction erfolgt, und dass der Arterienpuls erst eine Folge der Herzkontraction ist. Man kann das deutlich erkennen in den Anmerkungen, welche der Arzt De la Forge zu den Ausführungen seines Meisters geschrieben hat. (cf. Anm. VII d.) Et quidem Bartolino causa fuit errandi, dum ipsi persuasit cordis ventriculos coarctari, quando mucro accedit ad basim.

Bartolinus hatte ganz richtig beobachtet, aber die Kartesianer konnten es nicht zugeben.

Von dem Blut der Kopfarterie gehen die feinsten und mit der grössten Bewegungsquantität ausgestatteten Teilchen durch die Zirbeldrüse in die Hohlräume des Gehirns, welches als Dampfkessel diesen höchst expansionskräftigen Blutdampf aufnimmt, dessen Gesammtheit als spiritus animales bezeichnet wird. (De hom. I cap. XIV, pg. 25) Atque ita sine ulla alia praeparatione aut mutatione praeterquam quod separatae sint a crassioribus et retineant adhuc summam quam a calore cordis acceperunt celeritatem, desinunt habere formam sanguinis ac spiritus animales vocantur.

Dieser Begriff der spiritus animales, in dem sich gewissermaassen seine Anschauung von der Natur der materia extensa potenziert hat, wird später von Descartes in echt mathematischer Weise dazu verwendet, um eine Affektenlehre zu konstruieren. (De passionibus animi artic. 2): Nulla tutior datur via deveniendi in cognitionem nostrarum Passionum quam si prius expendatur differentia quae est inter animam et corpus, ut cognoscatur, utri unaquaeque functionum quae in nobis sunt sit attribuenda.

Nachdem er so seinen dualistischen Grundgedanken als Einleitung vorausgeschickt hat, konstruiert er weiter: De pass. XXVI.: (cfr. ferner XXVII) Superest hic notandum, omnes easdem res, quas anima percipit opera nervorum, ipsi quoque repraesentari per cursum fortuitum(!) spirituum, absque ulla alia differentia nisi quod impressiones quae veniunt in cerebrum per nervos, soleant magis vivae et expressiores esse illis quas spiritus animales excitant.

In dem zweiten Teile dieses Satzes, in welchem die Unklarheit und Minderwertigkeit des Gefühlsartigen im Menschen gegenüber den klaren durch die Nerven vermittelten Sensationen betont wird, zeigt sich nun auch, dass Descartes den gewonnenen Begriff (ganz ähnlich, wie wir es oben bei der Entwickelung seines Dualismus gesehen haben) zum Ausdrucksmittel für seine natürliche Eigenart macht, dass er uns in seiner Affektenlehre eigentlich nur ein Spiegelbild seines auf die Vernunftsthätigkeit stolzen Gemütes gibt.*)

Kehren wir jedoch zu dem mechanischen Meisterwerk, welches Descartes für den menschlichen Organismus ausgiebt, zurück.

---

*) Sehr klar finde ich diesen Gedanken ausgeführt in Dr. H. v. Stein's Buch „Die Entstehung der neueren Ästhetik". cap. II, pg. 41 „Die Gemütsregungen sind nach Descartes eine Trübung des rein seelischen Princips durch die Einwirkungen des Körpers; Träger dieser Beziehungen sind die „tierischen Geister" .... „Dies ist denn das berühmte Theorem des Automatismus im Zusammenhang der kartesianischen Gedanken. Es ist bei Descartes ein Hilfsmittel, um die spezifische Beschaffenheit jenes höheren Princips im Menschen genau zu bestimmen .... Das Vermögen des leidenschaftslosen reinen Denkens ergibt sich als die unterscheidende Grundeigentümlichkeit des Menschen.

An dieser Stelle muss ich bemerken, dass ich von demselben Autor in seinem Colleg über „Geschichte der neueren Philosophie" mehrfache Anregungen zu dem hier Ausgeführten bekommen habe und ihm im höchsten Grade zu Dank verpflichtet bin.

Eine genaue Abgrenzung der von Herrn Dr. v. Stein überkommenen Gedanken von dem durch eigenes Studium Erworbenen ist mir leider nicht möglich.   D. V.

Die Nerven stellen ein Röhrensystem dar, welches von dem Gehirn als Centralreservoire in alle Teile des Körpers sich verbreitet. Durch die willkürliche Darstellung des Hirn- und Arterienbau's und des Arterienverlaufes im Gehirn, welche Descartes gegen die Anatomen aus theoretischen Gründen verteidigt, wird Descartes zum Vater der „physiologischen Postulate", die sich seitdem immer wieder eingestellt haben, wenn man zu Gunsten einer Hypothese der Natur Zwang anthun wollte. (cap. 55.) Et quantum ad ea quae dixi de modo quo arteriae spiritus ad caput deferunt ac differentia, quae inter internam cerebri superficiem ac mediam eius substantiam est, si modo propius inspiciant Anatomici, horum etiam poterunt satis magna indicia videre ad non dubitandum de iis. Nec magis dubitare poterunt de valvulis quas posui in nervis.

Findet an einer Körperstelle ein Reiz statt, so öffnet sich durch Zerrung das orificium des Nerven und die spiritus animales strömen mit Gewalt in den Muskel (se reflectunt). welchen sie zur Aufblähung und damit zur Verkürzung bringen.

In der Weise wie Descartes proklamiert, dass auf diese Weise alle Bewegungen der körperlichen Maschine ganz einfach zu erklären seien, liegt eine Selbstgewissheit, welcher das fruchtbare Staunen vor dem wunderbaren Sinn in der Natur vollkommen fremd ist, der Kartesianer blickt nun mit der Ruhe des Wissenden in das Getriebe der Natur, welches ihm nicht im mindesten seine kluge Sicherheit zu stören vermag. (II. cap. XV.) Prout magis vel minus ingrediuntur in unos quam in alios aut etiam ingredi conentur, vim habent musculorum, quibus hi nervi inseruntur, figuras mutandi et hoc pacto omnium membrorum motum producendi.

Ganz staunenswert ist es, wie Descartes auf constructivem Wege die Schwierigkeiten überwindet, welche sich bei den Wirkungen der sogenannten Antagonisten, z. B. am Auge, der Annahme der spiritus animales entgegensetzen. Er erfindet ein ganzes Röhrensystem, an welchem man deutlich alle Erfordernisse und Eigenschaften einer regulären Dampfmaschine erkennen kann: Centralkessel, Röhrenleitung mit Klappen und Ventilen, wechselseitiges Ausströmen des Gases mit dem Effekt der alternierenden Bewegung eines Gegenstandes; und man kommt bei genauerem Studium dieses Schemas zu der Überzeugung, dass, wenn Descartes seine theoretischen Konstruktionen durch's Experiment erprobt hätte, er in der Absicht, eine Kopie des menschlichen Körpers herzustellen, die Dampfmaschine erfunden haben würde.

Indem Descartes so die Gesetze der anorganischen Welt in scharfsinniger Weise auf den organischen Körper anwendet und fortwährend in Auseinandersetzungen und Beispielen diesen als eine gut konstruierte Maschine erscheinen lässt, bahnt er, ohne davon eine Ahnung zu haben, eine Denkrichtung an, die dem Versenken in's Metaphysische, von welchem er bei seinen Denkleistungen ausging, direkt entgegengesetzt ist. Die harmlose Anschauung, in welcher eine solche Zusammenstellung des Menschen mit einer Maschine als elegans comparatio erscheint, schwindet bald, eine oberflächliche, naturwissenschaftliche Halbbildung bemächtigt sich des Vergleiches, aus der Vergleichung wird eine Identificierung und mit dem Schlachtruf L'homme machine! zieht man in den törichten Kampf gegen die Ideale der Menschheit.

Descartes selbst ist vor dieser Art von Weiterbildung seiner Gedanken geschützt, weil ihm ja Gott der Verfertiger dieser Maschine ist, und weil er im Menschen als obersten Leiter dieser Maschine die substantia cogitans denkt, aber man brauchte nur an Gott zu zweifeln und das cogitare est zu vergessen, so würde aus dem metaphysischen Dogmatiker der Materialist, dem die Welt ein System von geistlosen Atomen ist; und mit Weglassung der wenigen Kapitel, welche sich auf die Urheberschaft Gottes und das Geistige im Menschen beziehen, könnte De homine als erstes Dokument dieser traurigen Weltanschauung gelten.

Das oben Gesagte genügt ferner, um erkennen zu lassen, wie Descartes bei der konsequenten Anwendung seines Begriffes der materia extensa auf alle Lebensvorgänge im menschlichen Körper zu einer Ausgestaltung seiner Lehre kommt, welche der freien Forschung nur hinderlich sein konnte. Ganz abgesehen von der Unrichtigkeit der einzelnen Daten ist die dogmatische Form, die vorzeitige Systembildung, dieses gewaltsame Einzwängen der Natur in ein Schema dem Fortschritt der Naturwissenschaften hinderlich. Man erkennt in der Zeit nicht, dass diese Schriften de homine, de formatione foetus, de passionibus etc. eigentlich angewandter Kartesianismus sind, sondern man hält sie für eine „gesammte Physiologie", für der Weisheit letzten Spruch, für die encyklopädische Aussprache der überhaupt möglichen Naturwissenschaft.

Als Gewährsmann für die Ansicht, dass Descartes' naturwissenschaftliche Schriften, abgesehen von denen, welche sich auf die anorganische Natur beziehen, ihrer Eigenart nach der Forschung hinderlich sein mussten, möchte ich Schiller anführen. Er sagt (Anmerkung zum 13. Brief über die ästhetische Erziehung): „Eine der vornehmsten Ursachen, warum unsere Naturwissenschaften so langsame Schritte machen, ist offenbar der allgemeine und kaum bezwingbare Hang zu teleologischen Urteilen, bei denen sich, sobald sie konstitutiv gebraucht werden, das bestimmende Vermögen dem empfangenden unterschiebt. Die Natur mag unsre Organe noch so nachdrücklich und noch so vielfach berühren, — alle ihre Mannigfaltigkeit ist verloren für uns, weil wir in ihr nichts suchen als was wir in sie hineingelegt haben; weil wir ihr nicht erlauben, sich gegen uns herein zu bewegen, sondern vielmehr mit ungeduldig vorgreifender Vernunft gegen sie herausstreben."

Derselbe dogmatische Zwang, der uns hier entgegentritt, liegt nun aber auch schon in dem Teil von Descartes' Philosophie, den er selbst den metaphysischen nennt. (cf. Epistola auctoris ad princ. phil. interpretem Gallicum: „hunc librum in quatuor partes divisi, quarum prima cognitionis humanae principia continet, et haec est, quae prima philosophia aut etiam Metaphysica dici potest.)

Anstatt zu sagen: cogitare est! und so die Thatsache des Denkens, durch innere Wahrnehmung erfasst, als principium philosophiae hinzustellen, verhüllt er dieselbe durch die Form eines Schlusses cogito, ergo sum, anstatt seinen Zeitgenossen zu sagen: ich fühle etwas Göttliches in mir und erkenne mich als vernünftiges Wesen, versucht er den Beweis zu liefern, dass „Gott ist" und behauptet dogmatisch die libertas arbitrii, anstatt zu sagen: „ich finde in mir Grundsätze, die eine allgemeine Billigung fordern" und um sich kritisch über dieselben klar zu werden, sagt er: sie sind „communes, ingenitae;" die innere Erfahrung, welche ihrem Wesen nach zunächst nur von subjektiver Giltigkeit ist, maasst sich absolute Richtigkeit an und wird autoritativ gegen den prüfenden Verstand.

Der lebendige Geist, die Denkintensität, aus welcher Descartes' System hervorgegangen ist, verweht bald, und unfähig, dieses System als ein künstlerisches Ganzes, abgesehen von der Richtigkeit der Daten, aufzufassen, halten sich seine Anhänger an den Buchstaben des kartesianischen Gesetzes; der Scholasticismus, welcher kaum durch das Zurückgehen auf die innere Erfahrung überwunden war, musste sich mit erneuter Gewalt an Descartes erheben.

Am klarsten tritt die Notwendigkeit dieser Erscheinung zu Tage an dem sogenannten Occasionalismus.

Die bei Descartes behauptete Vereinigung der beiden ganz heterogenen Substanzen im Menschen bietet eine logische Schwierigkeit und muss Leute, welche nicht erkennen, dass sich jene principielle Scheidung bei Descartes notwendiger Weise aus seiner intensiven Erfassung des cogitare est ergab, sondern die Behauptungen des Philosophen begrifflich erfassen wollen, zu der Frage führen, wie eine Wechselwirkung dieser heterogenen Substanzen in jedem Falle möglich ist. Der ganze Occasionalismus, in welchem behauptet wird, dass Gott bei jeder Gelegenheit eines Vorganges in der einen Wesenheit durch ein Wunder den entsprechenden Effekt in der anderen erregt, ist nichts als die konsequente Weiterbildung des einen kartesianischen Gedankens (was auch für die prästabilierte Harmonie Leibnitzens gilt).

Wie man sich früher im christlichen Scholasticismus mit

der begrifflichen Darlegung von Dingen herumplagte, die ihrer Natur nach nur vom Glauben erfasst werden können, so will man nun auch kartesianische Dogmen über das Metaphysische mit dem Verstande begreifen.

Der Scholasticismus zeigt sich also hier evident als unmittelbare Folge der dogmatischen Eigenart des kartesianischen Systems. Aber er erhält noch einen formalen Anlass dadurch, dass Descartes sich in seiner Terminologie, welche sich inhaltlich mit grösster Einfachheit aus seiner scharfen Scheidung von substantia cogitans und materia extensa ergibt, und für uns ganz nebensächlich ist, nicht von den überkommenen Begriffsschemen loslöst und so seinen gelehrten Schülern Gelegenheit bietet, unter der Maske des Kartesianismus richtige Scholastiker der alten Schule zu sein.

Hierzu sind vor Allem auch die termini zu rechnen, welche er bei seiner begrifflichen Darlegung der Existenz Gottes gebraucht, realitas formalis, substantialis etc., wobei wiederum hervortritt, wie durch die logisch-dogmatische Darstellung der innerlich erfassten Wahrheiten der Anlass zu neuem inhaltslosen Wortstreit gegeben ist.

Und hieraus kann nun wieder leicht ein Zweifel am Metaphysischen überhaupt entstehen, der in Verbindung mit dem neuen Gedanken von der Welt als bewegter Materie nun eine skeptisch materialistische Weltanschauung hervorgehen lässt, gegen welche der Skepticismus, aus welchem Descartes' Denkleistungen entsprungen waren, harmlos zu nennen ist. In Beziehung auf dieses kausale Verhältnis scheinen die Worte Kant's geschrieben: (Vorrede zur ersten Ausgabe der Kritik der reinen Vernunft). „Anfangs war die Herrschaft der Metaphysik unter der Herrschaft der Dogmatiker despotisch. Allein weil die Gesetzgebung noch die Spur alter Barbarei an sich hatte, so artete sie durch innere Kriege nach und nach aus und die Skeptiker ... zertrennten von Zeit zu Zeit die bürgerliche Verfassung."

II.

Erst nachdem wir durch die vorangegangene Entwickelung klar gelegt haben, wie bei Descartes aus dem Versenken ins Geistige und Metaphysische von Neuem ein Dogmatismus hervorging, der in seinem metaphysischen Teil den mit Worten fechtenden Scholastikern ein willkommener Streitgegenstand werden, und dessen naturwissenschaftlicher Teil der freien Forschung hinderlich sein musste, können wir richtig verstanden werden, wenn wir Locke dahin charakterisiren: Locke bedeutet die nach einer ernsten Selbstprüfung vollzogene Abwendung des menschlichen Geistes von einer dogmatischen Metaphysik und einem unpraktischen Gelehrtentum, und die Hinwendung auf Naturwissenschaft und Lebensgestaltung.

Diesen beiden principiell verschiedenen Tendenzen des Denkens entsprechend zeigt sich schon in der Lebensführung der beiden Männer, welche sie vertreten, ein bemerkenswerter Unterschied: Descartes eilt über den Jahrmarkt des Lebens, nach der „Wahrheit" suchend, bis er plötzlich merkt, dass er das, was er da unter den Jahrmarktswaaren suchte, in sich trägt, — und in tiefe Reflexion versinkend steht er nun achtlos in dem bunten Treiben; Locke geht mit offnem Blick beobachtend durch das Gedränge, er nimmt die ganze Fülle des wogenden Lebens in sein Auge auf, er stellt Betrachtungen über den Wert der ausliegenden Gegenstände an, er mischt sich in die Unterhaltung der Käufer und kehrt mit einem Schatz von Anschauung und Wissen von dem Platze heim, wo der andere nichts gefunden hat als — sich selbst.

Wie wir gesehen haben, hat Descartes die principiellen Gedanken seiner Philosophie in der einsamen Stille eines deutschen Winters bei stiller Meditation am lodernden Kamin erfasst, hier hielt er die innere Einkehr, nachdem er vorher sich vergeblich in dem Strom einer kriegerisch bewegten Welt getummelt hatte, nach dem „minimum quid certum atque inconcussum" suchend. Descartes hatte von vornherein bei seinem Aussenleben eine metaphysische Tendenz, und man kann jenes Ereignis, als er das cogitare est entdeckte, zugleich eine Entdeckung seiner eigentlichen Natur, die zur stillen Reflexion geschaffen war, nennen; sein weiterer Verkehr mit der Aussenwelt bestand im Wesentlichen in der Verbreitung und Verteidigung seiner Gedanken, bestand also wesentlich in einem Verkehr mit Gelehrten von Fach. Ganz anders Locke! Derselbe hat durch sein ganzes Leben aus Neigung Umgang mit Leuten gepflogen, welche, mitten im politischen und socialen Leben stehend, die Augen aufthun mussten, um sich darin zurecht zu finden, seine Werke entstanden nicht durch einsame lucubrationes im stillen Gelehrtenzimmer, sondern die in seinem Geiste vorhandenen Keime entwickelten sich in der klaren Luft des gegenseitigen Meinungsaustausches mit Leuten, denen ihre praktische Thätigkeit noch einen Überschuss an geistiger Kraft liess, welchen sie aus Neigung im freien Spiel auf die Erkenntnis des Wahren verwendeten.

(cf. Ein Brief an den Leser. Versuch über den menschl. Verst. Abs. 3.)*) „Schickte es sich, Sie mit der Entstehung dieses Buches zu unterhalten, so würde ich sagen, dass fünf bis sechs Freunde sich in meinem Zimmer einzufinden pflegten und bei Besprechung ganz anderer Dinge, als der hier behandelten, sich bald durch Schwierigkeiten gehemmt sahen, die von allen Seiten sich erhoben." — —

Nun mag wohl Locke's natürliche Beanlagung auf's Konkrete und Praktische die Quelle seiner Denkleistung gewesen sein und das angeregte geistige Leben jenes Kreises die Atmosphäre, aus welcher diese Quelle immer von Neuem ihre Nahrung sog; aber trotz dieser günstigen Umstände würden seine natürlichen Eigenschaften nicht zu solcher Bedeutung und solcher Anwendung nach aussen gekommen sein, wenn

---
*) Citiert nach v. Kirchmann's Übersetzung.

nicht der Despotismus der aristotelischen Schulphilosophie und des Kartesianismus diese Anlagen zur Opposition angeregt hätten; im Kampfe mit diesen Kräften erstarkten jene Eigenschaften, so dass sie zur vollendeten Darstellung einer principiell verschiedenen Denkrichtung werden konnten.

Der Bach, der aus jener Quelle entsprang, trifft hier auf ein mächtiges Hindernis, das sich ihm stauend entgegenstellt und gerade dadurch die volle Entfaltung seiner Kräfte verursacht.

Wenn Descartes' skeptische Eigenart sich so bedeutungsvoll entwickelte, weil die grossen zeitbewegenden Fragen ihr adaequat waren, so kommt Locke's thatkräftiger und freiheitlich angelegter Geist zu solcher Entwickelung, weil ein oppositionserregender Einfluss ihn fortwährend zur Thätigkeit anspornt.

Es gelten hier für Locke zum Teil dieselben Einwirkungen, unter denen schon Baco und Hobbes gestanden hatten, und ebenso wie bei Jenen wird auch bei ihm durch das scholastische Unwesen die allgemeine Forderung nach Erfahrung laut. (II cap. 1, § 10.) „Wer sich aber nicht täuschen lassen will, muss seine Hypothesen auf Thatsachen stützen und durch wirkliche Erfahrung begründen und von den Thatsachen nichts als ausgemacht ansehen bloss seiner Hypothese wegen, d. h. weil er es so voraussetzt."

Aber es muss betont werden, dass gerade die Opposition gegen den Kartesianismus Locke zu ganz anderen Dingen geführt hat, als zu einer einfachen apodiktischen Forderung der Empirie, und dass zu diesem Ergebnis, welches wir bald näher kennen lernen werden, die Eigenart des oppositionserregenden Gegenstandes ebenso sehr mitgewirkt hat als die Beanlagung des zum Widerstande angeregten Subjektes.

Schon in der äusseren Einteilung seines Hauptwerkes zeigen die Abhandlungen über alle die Punkte, welche für den Gedankenbau Descartes' wichtig sind und an die sich notwendiger Weise scholastische Kontroversen anschliessen mussten, eine unverhältnismässige Länge, so die Auseinandersetzungen über die notiones communes (Buch I), über den

Substanzbegriff (Buch II, cap. 23), über die Identität (cf. II, cap. 1, § 10—19, cap. 27, IV cap. 5),*) über die Willensfreiheit (cfr. II cap. 21. Von der Kraft).

Da jedoch die Bedeutung der einzelnen Einwürfe erst im weiteren Verlauf dieser Untersuchung klar werden kann, so wollen wir uns hier sofort zu dem wesentlichen Gedanken wenden, welcher durch die specielle Reaction gegen den metaphysisch-dogmatischen Gesammtcharakter Descartes' hervorgetrieben worden ist.

Wenn wir jetzt das kartesianische System betrachten, so geschieht das in derselben Weise, wie man etwa eine alte wohlerhaltene Ritterburg betrachtet, wir gefallen uns in der Anschauung des Burgplanes, vertiefen uns in den Geist, der hier herrschte, unser Interesse hat etwas wesentlich Kontemplatives, Künstlerisches; hätten wir aber in der Zeit gelebt, so würde sie uns vermutlich als Zwingburg erschienen sein, und wir hätten uns gegen die Tyrannei mit der Frage nach ihrer Berechtigung aufgelehnt, wenn — wir nicht selbst zu den Anhängern des Burgherrn, zu den Kartesianern gehört hätten.

Einer der wesentlichsten Züge bei Descartes war seine Tendenz zur Metaphysik, und aus diesem Grundtriebe war bei ihm ein grossartiges metaphysisches System hervorgewachsen, in dem Wahres und Falsches zu einem mächtigen Gebäude vereinigt war. Nachdem Locke schon in Baco die heftige Forderung der Erfahrung als Gegensatz gegen die scholastische Philosophie kennen gelernt hatte, zeigt sich ihm hier von Neuem in einem grossen geistvollen System die Macht, welche der Zug zum Metaphysischen im Menschengeiste ausübt, zugleich aber in dem verstärkten Wiederaufleben des Scholasticismus die Gefahr, in welche die Vernunft gerade durch diesen Trieb zum Unbedingten gerät; das Unzulängliche der blossen Forderung der Erfahrung wird gerade durch diesen verstärkten Rückstoss des eben erst ge-

---
*) Der Anlass hierzu ist angedeutet II cap. 1, § 19: „Indess braucht man nur die Seele als ein Wesen, was immer denkt, zu definieren, und die Sache ist abgemacht."

worfenen Feindes klar, und nun kommt Locke zu dem ganz neuen Gedanken einer Kritik der Erkenntnismittel in Hinsicht auf ihre Tauglichkeit für derartige metaphysische Aufgaben. (I cap. 1, § 7.) „Wenn die Menschen in dieser Weise ihre Untersuchungen weit über ihr Vermögen ausdehnen und ihre Gedanken in Tiefen schweifen lassen, wo sie keinen festen Fuss fassen können, so darf man sich nicht wundern, wenn sich Fragen erheben und Streitigkeiten häufen, die niemals zu einer klaren Lösung gelangen und nur dazu dienen, die Zweifel zu erhalten und zu vermehren, und die Menschen zuletzt in vollständigen Skepticismus zu stürzen" . . . .
„Ich meinte, dass der erste Schritt für eine befriedigende Untersuchung jener Dinge, in welche sich der Mensch so leicht vertieft, darin bestände, dass man die eigenen geistigen Vermögen überschaue, seine Kräfte prüfe und sehe, wofür sie geeignet sind." (Brief an den Leser, Absatz 3.) „Schickte es sich, Sie mit der Entstehung dieses Buches zu unterhalten, so würde ich sagen, dass fünf bis sechs Freunde sich in meinem Zimmer einzufinden pflegten und bei der Besprechung ganz anderer Dinge, als die hier behandelten (offenbar metaphysischer Art! D. V.), sich bald durch Schwierigkeiten gehemmt sahen, die von allen Seiten sich erhoben. Nachdem wir uns gemüht hatten und doch der Lösung der Zweifel, die uns bedrängten, nicht näher kamen, fiel mir ein, dass wir wohl einen falschen Weg eingeschlagen hätten, und dass vor Beginn solcher Untersuchungen man seine eigenen Fähigkeiten prüfen und sehen müsste, welche Dinge sich zu einer Beschäftigung für den Verstand eignen."

Wir sehen also hier ganz deutlich, dass gerade durch die dogmatische Metaphysik Descartes' in Locke die Forderung einer Kritik der Erkenntnismittel erweckt wird, dass die eigentliche Tendenz seines „Versuches über den menschlichen Verstand" die ist, zu untersuchen, ob unser Geist mit Aussicht auf Erfolg gerade solche metaphysische Dinge zum Gegenstand seiner Untersuchung machen kann.

Man hat bei der Beurteilung Locke's diese eigenartige Absicht seines Unternehmens, in welcher das ursächliche Verhältnis Descartes' zu demselben ganz deutlich zu Tage tritt, zu wenig beachtet und dafür die positiven Leistungen Locke's auf erkenntnistheoretischem Gebiete, welche als fertiges Resultat jener Untersuchung vorliegen, zu sehr in den Vordergrund gestellt. Aber Locke erzählt uns selbst: (Brief an den Leser.) „Als ich die Feder ansetzte, glaubte ich Alles über den Gegenstand auf einen Bogen bringen zu können; allein je weiter ich kam, desto grösser wurde die Aussicht; neue Entdeckungen führten mich immer weiter, und so ist das Buch unvermerkt zu seinem jetzigen Umfang angewachsen." Locke wird durch die Reaction gegen Descartes in eine Richtung hineingetrieben, von deren schliesslichem Endpunkt er selber noch keine rechte Anschauung hat, erst allmählich öffnet sich ihm der Ausblick auf die Gebiete, welche er uns nachher so genau beschrieben hat.

Bei Descartes war die Metaphysik der Centralpunkt, von welchem alles sonstige Wissen ausstrahlte, seine metaphysischen Grundbegriffe wurden Prämissen zur theoretischen Erkenntnis der Welt; nun wird die Untersuchung des Erkenntnismittels unseres Verstandes als erste Vorbedingung aller Wissenschaft hingestellt, und dieser Gedanke hat seit Locke in der Philosophie immer fester Wurzel geschlagen. (v. Kirchmann, Einleitung zu der Übersetzung von Locke's Essay conc. hum. underst.) „Auch Kant änderte mit dem Worte Kritik nur den Namen, nicht den Gegenstand der Untersuchung, und alle Hauptwerke nach Kant zeigen als Wissenschaftslehre, Dialektik, Phänomenologie des Geistes etc. schon durch ihre Titel, dass die Lehre vom Wissen zur Grundlage der Philosophie geworden ist, von der die Philosophie des Seienden oder die Philosophie der Natur und des menschlichen Handelns ihre Fundamente und ihre Richtung empfängt." — — —

Nachdem wir vorhin betont haben, dass der Gedanke einer Untersuchung des menschlichen Verstandes entstanden ist als Reaction gegen Descartes' dogmatische Metaphysik, muss es sonderbar erscheinen, wenn wir nun behaupten, dass Descartes in derselben Richtung auch einen positiven Einfluss auf Locke geübt hat.

Es kommt nämlich das Princip der inneren Wahrnehmung, welches, wie wir oben nachzuweisen gesucht haben, bei Descartes implicite vorhanden, ja an einigen Stellen schon in klaren Worten ausgesprochen war,*) das aber durch die Hervorkehrung einiger begrifflicher Resultate seiner inneren Einkehr bald in den Hintergrund gedrängt wurde, nun bei Locke zum klaren Bewusstsein. Wir haben oben gesehen, wie Descartes bei dem unbefriedigten Suchen nach Wahrheit, welche er weder in den Begriffen der Scholastiker noch in dem wirren Treiben der Welt fand, schliesslich zu einer inneren Einkehr kam und hierbei durch unmittelbare Erfahrung nicht nur das cogitare est, sondern auch die metaphysischen Grundbegriffe Gott und Willensfreiheit fand, dass er ferner im Vertrauen auf diese innere Erfahrung gewisse in ihm vorhandene Grundsätze für communes atque ingenitae erklärte; sein eigentümlicher Denkfehler bestand darin, dass ihm hieran nicht das Princip der inneren Wahrnehmung, sondern diese ersten formalen Resultate bedeutungsvoll erschienen. Locke versteht Descartes' Denkvorgang gewissermaassen besser als dieser selbst, er nimmt inhaltlich den Gedanken der Selbstwahrnehmung und Selbstbeobachtung auf.

Dieser positive Einfluss Descartes' auf Locke, oder besser dieses unbewusste Übergehen des besten kartesianischen Gedankens auf den scheinbar principiellen Gegner, tritt ganz klar in verschiedenen Ausführungen Locke's zu Tage, welche fast wörtlich mit denen Descartes' übereinstimmen. (IV cap. 10, § 2.) „Wenn die Seele ihren Blick nach innen richtet und ihr eigenes Thun betrachtet, so ist das Denken das erste, was sie trifft." (§ 1.) Unser eigenes Dasein nehmen wir so klar und sicher wahr, dass es keines Beweises dafür bedarf. Selbst wenn ich alles andere anzweifle, so lässt mich dieses Zweifeln mein eigenes Dasein wahrnehmen und daran nicht zweifeln." Das „cogito, ergo sum", cogitare est wird also unmittelbar aus den kartesianischen Ausführungen herübergenommen, der Unterschied besteht nur darin, dass Dasjenige,

---

*) Mens quae se ipsam novit etc.

was bei Descartes ein nach langem skeptischem Irren erfasstes Denkresultat ist und deshalb in übertriebener Weise betont und zum principium philosophiae gemacht wird, zurücktritt gegen die Bedeutung des Vorganges an sich, des inneren Erfassens, dessen erstes formales Resultat das cogitare est war. (I cap. 1, § 1.) Während der Verstand gleich dem Auge uns alle anderen Dinge sehen und erkennen lässt, achtet er auf sich selbst nicht, und es erfordert Kunst und Mühe, ihn sich gegenüber zu stellen und ihn zu seinem Gegenstande zu machen. (II, I, § 8.) Aber diese inneren Vorgänge machen wie schwankende Erscheinungen keinen so tiefen Eindruck, um in der Seele eine klare, deutliche und dauernde Vorstellung zurückzulassen, ehe sich nicht der Verstand nach innen auf sich wendet, auf seine eigene Thätigkeit achtet und sie zu dem Gegenstande seiner Betrachtungen macht."

Locke hat sich also den besten Gedanken Descartes' assimiliert und ihn zu dem Begriff der geistigen Selbstspiegelung, der „reflection" verdichtet, ist also viel richtiger ein Schüler Descartes' zu nennen, als dessen scholastische Nachbeter, welche nur die äusserlichen Ergebnisse seiner Denkleistung erfassten.

Nun wird aber gerade durch diese „innere Wahrnehmung" die Möglichkeit zu der Lösung des Problems gegeben, welches uns oben einzig durch eine Reaction gegen Descartes' dogmatische Metaphysik entstanden zu sein schien, erst durch diesen Gedanken wird der Weg zu einer Untersuchung des Verstandes, einer Kritik des Erkenntnismittels geöffnet.

Wir haben also die eigentümliche Erscheinung vor uns, dass Locke einmal durch Verneinung der kartesianischen Eigenart, andererseits aber auch durch direkte Weiterbildung eines schon bei Descartes vorhandenen Gedankens auf dieselbe Aufgabe gerät; Descartes hatte jenen wertvollen Gedanken, den er selbst als sein kostbarstes Gut betrachtete, gewissermaassen um ihn zu schützen und für sich zu bewahren, in dem festgefügten Bau seines Systems vermauert. Locke musste erst das kunstvolle Gebäude zerstören, um den verborgenen Inhalt der Menschheit, für die er bestimmt war, darbringen zu können.

Das kartesianische cogitare est, jenes erste Resultat der inneren Wahrnehmung, ist der eigentliche Keim des Kriticismus, aber dieses Samenkorn war auf schlechten Boden gefallen und würde vielleicht in dem wuchernden Unkraut untergegangen sein, wenn es nicht von einem mächtigen Windstoss fortgeweht worden wäre auf den jugendfrischen Boden des Inselreiches, wo es die Bedingungen seiner Entfaltung fand.

Als zweites wichtiges und fruchtbares Denkresultat hatte sich uns bei Descartes seine scharfe Unterscheidung der Vorstellungswelt und der Welt der bewegten Materie ergeben, und auch diesen Gedanken hat sich Locke ganz zu eigen gemacht und ihn in einzelnen Teilen noch weiter ausgeführt. (II cap. 8, § 7.) „Um die Natur unserer Vorstellungen besser zu erkennen und verständlicher von ihnen zu sprechen, muss man sie, soweit sie Vorstellungen oder Wahrnehmungen in unserer Seele sind, von den Veränderungen des Stoffes in den Gegenständen unterscheiden, welche diese Wahrnehmungen in uns verursachen, damit man sie nicht (wie gewöhnlich geschehen mag) für die genauen Abbilder von etwas in den Gegenständen ansehe, da die meisten dieser Vorstellungen in der Seele den äusseren Gegenständen nicht im mindesten gleichen."

Es kommt hierbei dasjenige nicht in Betracht, was sich dem Nachdenken Locke's bei einer genaueren Kritik des Substanzbegriffes über die materia extensa ergibt, wodurch er alsbald in einen bedeutenden Gegensatz zu Descartes tritt, jedenfalls ist die scharfe Scheidung auch bei Locke vorhanden, welcher somit auf der von Descartes gelegten Grundlage weiterbaut.

Der Unterschied besteht — ganz ähnlich wie bei der Aufnahme des cogitare est — zunächst nur darin, dass dasjenige, was bei Descartes mühevolles Denkresultat ist und deshalb intensiv betont und zum Systembau verwendet wird, hier als selbstverständliche Voraussetzung erscheint, ohne dass

Locke die falsche Weiterbildung der Begriffe, die dogmatische Ausbeutung derselben auf dem Gebiet des Organischen mit in Kauf nimmt. (cfr. II VIII 21.) So finden wir die Anschauung von den spiritus animales, welche sich bei Descartes bei der konsequenten Verfolgung seines Gedankens von der materia extensa ergeben hatte, bei Locke zwar im Wesentlichen acceptiert, aber sie wird nicht in dogmatischer Form behauptet, wie bei Descartes, sondern gewissermaassen als vorläufiger Notbehelf hingenommen, der jeden Augenblick durch etwas Besseres ersetzt werden kann.

Auf dem Gebiet des Anorganischen hingegen bildet Locke die „Corpuscularhypothese" als richtiger Schüler Descartes' noch weiter aus. (Buch II, cap. 8, § 9—22.) „Man nehme z. B. ein Weizenkorn und teile es in zwei Teile; jeder Teil hat noch Dichtheit, Ausdehnung, Gestalt und Beweglichkeit; .... diese Eigenschaften der Körper nenne ich die ursprünglichen oder ersten .... Zweitens gibt es Eigenschaften, welche in Wahrheit in den Gegenständen selbst nichts sind als Kräfte, welche verschiedene Empfindungen in uns durch ihre ursprünglichen Eigenschaften hervorbringen. Wenn sie z. B. durch die Masse, Gestalt, das Gewebe und die Bewegung ihrer unsichtbaren Teilchen, Farben, Töne, Geschmäcke u. s. w. hervorbringen, so nenne ich diese zweite Eigenschaften."

Locke hat also die scharfe Unterscheidung von substantia cogitans und materia extensa vollständig in sich aufgenommen und nur dadurch wird im historischen Zusammenhang die Möglichkeit gegeben, dass bei ihm der klare und scharf begrenzte Begriff der „äusseren Erfahrung" (sensation), der „Sinneswahrnehmung mit dem Bewusstsein ihrer Subjektivität" entsteht, welcher für die Untersuchung unseres Verstandes von grösster Wichtigkeit ist; erst musste Descartes mit seinem strengen Dualismus die Verschiedenheit des materiellen Vorganges von der im Geiste erregten Empfindung deutlich hervorheben, bevor nun für jene Erregungen und ihre subjektive Natur der prägnante Ausdruck gefunden wird.

Wir sind also bisher, den positiven Einfluss Descartes' auf Locke betreffend, zu folgendem Resultat gekommen: Durch Aufnahme der Unterscheidung von materia extensa und substantia cogitans kommt Locke für seine Untersuchung der Vorstellungswelt bezw. unseres Verstandes auf den scharf bestimmten Begriff der äusseren Erfahrung (sensation), durch Aufnahme und Vertiefung des cogitare est kommt er zu dem Begriff der inneren Wahrnehmung (reflection).

Um deutlich hervortreten zu lassen, was diese Beeinflussung Locke's durch Descartes für den englischen Geist bedeutet, möge es mir erlaubt sein, kurz zu erläutern, welcher Art der Begriff der Erfahrung bei den Denkern war, welche als Hauptvertreter des Empirismus vor Locke gelten, bei Baco und Hobbes.

Baco, dessen wesentliche Denkleistung darin bestand, überall da, wo die scholastische Philosophie ja sagte, ein kategorisches nein! zu behaupten, könnte man füglich als den Dogmatiker der Empirie bezeichnen.[1])

Sehen wir ganz davon ab, dass ihm die Wertschätzung des Mathematischen und trotz seiner[2]) „lucifera experimenta" und trotz seines Spottes über die nur Stoff sammelnden Empiriker[3]) auch der Begriff des vorausbestimmenden, antecipirenden Verstandes fehlt, so dass für ihn die Naturwissenschaft zu[4]) einer vergleichenden Statistik zusammenschrumpft, so entbehrt der bei ihm so scharf betonte Begriff der Empirie jeder tieferen Begründung.

---

[1]) (cfr. Novum organon XCVI.) Naturalis philosophia adhuc sincera non invenitur, sed infecta et corrupta: In Aristotelis schola per Logicam, in Platonis schola per Theologiam naturalem; in secunda schola Platonis, Procli et aliorum, per Mathematicam; quae Philosophiam naturalem terminare, non generare et procreare debet. (XCVII.) Theorias et notiones communes penitus abolere . . . .
[2]) (cfr. XCIX.) Nov. org.
[3]) (XCV.) Empirici, formicae more, congerunt tantum et utuntur.
[4]) (CV.) At inductio, quae ad inventionem et demonstrationem Scientiarum et Artium erit utilis, Naturam separare debet, per reiec-

Natürlich sehen wir bei dieser Beurteilung[1] ganz von der ausserordentlichen Wirkung ab, die Baco als hochgestellter Mann durch seine pathetische Verkündigung der neuen Denkweise auf seine Zeitgenossen haben musste.

Auch bei Hobbes, wie hoch man auch seine mathematisch-physikalische Denkweise[2]) für die ausübende Naturwissenschaft anschlagen muss, tritt hervor, dass er uns in systematisierender Weise die Resultate der Erfahrung mitteilt[3]), ohne die grundlegende Auseinandersetzung darüber zu machen, warum die Empirie das erste Princip der Wissenschaft sein muss. Zudem zeigt sich bei ihm die Gefahr, welche eine ausschliesslich mechanisch-physikalische Betrachtungsweise für den menschlichen Geist bei der Auffassung der tieferen Probleme bringt, schon ganz deutlich, es gilt für ihn bis zu einem gewissen Grade das oben über die Nachwirkungen des kartesianischen Automatismus Gesagte.

Während Hobbes als der Weiterbildner der mathematisch-physikalischen Denkleistungen Descartes' erscheint, nimmt nun Locke gerade denjenigen Gedanken Descartes' auf, den wir als den lebendigen Inhalt, als den Centralpunkt seiner Schöpfung kennen gelernt haben; bei Locke wird jetzt der Gedanke wieder lebendig, der uns im Anfang des kartesia-

tiones et exclusiones debitas, ac deinde post negativas totquot sufficiunt, super affirmativas concludere.

Als einziges, nach dieser Vorschrift abgefasstes wissenschaftliches Werk von Bedeutung wüsste ich zu nennen: Exner, Funktionen der Grosshirnrinde. (Nach der Methode der positiven und negativen Fülle.)
D. V.

[1]) (cfr. Duehring, Kritische Geschichte der Philosophie, pg. 237 sequ.)
[2]) (cfr. Epist. dedicat. Elementor. Phil. Sectio tertia, De Cive): „Et geometrae quidem provinciam suam egregie administraverunt. Quidquid enim humanae vitae auxilii contingit a siderum observatione, a terrarum descriptione, a temporum notatione, a longinquis navigationibus; quidquid in aedificiis pulchrum, in propugnaculis validum, in machinis mirabile est; quicquid denique hodiernum tempus a prisca barbarie distinguit, totum fere beneficium est Geometriae.
[3]) (cfr. De homine cap. I.) De generis hum. origine. Nutritione. Dissolutione. Generatione.

nischen Gedankenganges aufgestossen, der aber alsbald einer um so grösseren dogmatischen Sicherheit gewichen war, die Erkenntnis nämlich, dass unsre geistige Natur uns fasslicher ist als das Aussergeistige. Locke betont, gerade durch die Einwirkung Descartes' veranlasst, wieder die innere Erfahrung neben, ja sogar vor der äusseren und vertieft dadurch den englischen Geist, der sich uns bei Baco und Hobbes noch als ziemlich oberflächlich gezeigt hat.

Indem Locke im weiteren Fortgange seiner Untersuchung erkennt, dass aus den beiden Quellen der äusseren und inneren Erfahrung, zu denen er gerade durch die Hand Descartes' geführt worden war, in ihrem Verlauf sich alles ableitet, was wir in seiner Totalität unser geistiges Leben und, insofern wir die Übereinstimmung unserer Vorstellungen mit der Aussenwelt in Betracht ziehen, unser Wissen nennen, — gibt er für die Empirie, welche bei Baco und Hobbes noch dogmatische Eigenart hatte, die erkenntnistheoretische Begründung. — — —

Wie oben gezeigt wurde, hat Locke die scharfe Unterscheidung von substantia cogitans und materia exstensa vollständig in sich aufgenommen, der durch ihn gemachte Fortschritt besteht nun darin, dass er dem Substanzbegriff kritisch zu Leibe geht und den Irrtum von Grund aus vernichtet, als hätte man mit der Unterscheidung und dem Worte der Substanzen auch deren Wesen erfasst.

Es muss oben in dem über Descartes Gesagten aufgefallen sein, dass wir das Wort substantia gebrauchten, ohne dessen Begriffsinhalt klar zu legen, wir folgten darin Descartes selbst, der ebenfalls trotz des häufigen Wortgebrauches den Begriff ganz unbestimmt lässt, derart, dass unmittelbar der Anlass zu der oberflächlichen Meinung gegeben war, als wenn nun mit dem blossen Worte substantia auch das Wesen des Körperlichen, des Geistigen und Gottes klar wäre.

Locke hebt nun hervor, dass das Wort substantia als bildlicher Ausdruck nur etwas „Darunterstehendes" d. h. den Träger der Accidenzen genannten Eigenschaften bedeutet, dass man also, wenn man über eine dichte ausgedehnte Substanz spricht, nichts aussagt über das Wesen, dem die Eigenschaften anhaften, welche in uns die Vorstellungen der Dichtheit und Ausdehnung erwecken. (Buch II, cap. 23, § 2.) „So ist die mit dem allgemeinen Namen Substanz bezeichnete Vorstellung nur der angenommene aber unbekannte Träger jener seienden Eigenschaften, die nach unserer Meinung sine re substante nicht bestehen können d. h. nicht ohne etwas, was sie trägt." (II, cap. 23, § 15.) „Die Vorstellung der Substanz bleibt in den Vorstellungen des Denkens und der Bewegung gleich dunkel oder ist gar keine, sie ist bloss etwas ich weiss nicht was, das von mir angenommen wird, um die Vorstellungen, die man Accidenzen nennt, zu tragen."

Der Gedanke von der Inhaltslosigkeit des Substanzbegriffes zieht sich durch das ganze Werk und ist eigentlich der philosophische Kernpunkt des Ganzen, er wird zum Centralpunkt für alles, was Locke sonst noch über das „Nichtwissen" ausgeführt hat. Bei Descartes schien das Metaphysische wie das Physische so genau dargestellt zu sein, dass Welt und Jenseits wie der Schluss eines Rechenexempels vor den Augen des gläubigen Schülers lag; dem setzt Locke nun ein scharfes ignoramus! entgegen. Hier erklärt sich uns die Wahl des Motto, welches Locke seinem ganzen Werke vorangesetzt hat:

„Wie schön ist es, lieber sein Nichtwissen einzugestehen, als dergleichen herauszureden und sich selbst zu missfallen."
(Cic. de nat. deorum lib. II.)

Unter dem Gesichtspunkt des Nichtwissens „Wie" finden wir zunächst bei Locke den Gedanken von der Subjektivität der Wahrnehmung wiederkehren, und diese neue Auffassung derselben als eines Unerfasslichen scheint mir sehr bedeutungsvoll zu sein. Bei Descartes wurde der Vorgang, bei welchem äussere Bewegung von Materiepartikeln eine geistige Wahrnehmung hervorrufen, durch Zuhilfenahme des allmächtigen Deus zu etwas ganz Einfachem, hier bei Locke kommt schon das zum Vorschein, was man mit Goethe das „Staunen vor dem Urphänomen" nennen möchte.

„Wir wissen so wenig, welche Gestalt, Grösse und Bewegung dieser Teile die gelbe Farbe, einen guten Geschmack oder einen lauten Ton veranlassen, dass man nicht einmal sich vorstellen kann, wie diese Gestalt, Grösse und Bewegung der Teile überhaupt solche Vorstellungen in uns erwecken können, es fehlt uns jede fassbare Verbindung zwischen ihnen." Abgesehen von der definitiven Feststellung dessen, was wir nicht wissen und nicht wissen können, haben diese Ausführungen Locke's einen gewissen ethischen Wert: Locke hat einen bescheidenen Respekt vor der Natur, in welcher ihm in jedem Augenblick etwas Wunderbares aufstösst, und die Vertiefung in den Gedanken von der Wunderbarkeit der Welt hat eine grosse sittliche Bedeutung, während gerade der selbstbewusste, alles verstehende Rationalismus, den wir in Descartes naturwissenschaftlichen Schriften getroffen haben, die Gefahr geistiger Ueberhebung und sittlicher Verflachung mit sich bringt.

Durch seine Ausführungen über den Substanzbegriff, durch die Klarlegung, dass Dichtheit, Schwere, Ausdehnung nur Vorstellungen sind, welche die ihrem Wesen nach unbekannte Substanz in uns erweckt, errichtet. Locke ein Bollwerk gegen jene Pseudo-Naturwissenschaft, die, wie wir gesehen haben, gerade durch Descartes' naturwissenschaftliche Schriften gross gezogen werden musste; denn der Fehler dieses materialistischen Denkens besteht ja eben darin, dass dasselbe die Vorstellungen der Schwere, Dichtheit, Ausdehnung für das Wesen des Körperlichen nimmt, und das cogitare est! vergessend, die Welt für eine Anhäufung von sinnlosen Atomen erklärt.

Ja man muss behaupten, dass bei Locke der absolute Idealismus, wie er bald nachher von Berkeley[*]) und später von Hume (indem er den Unterschied der primären und sekundären Qualitäten leugnete) vertreten worden ist, schon

---

[1]) cfr. Berkeley, Ueber die Princ. der menschlichen Erkenntnis. Cap. IX. „Es geht aus dem Gesagten deutlich hervor, dass Ausdehnung, Figur und Bewegung nur Ideen sind, die in dem Geiste existieren, und dass die Idee nur einer Idee ähnlich sein kann, und dass demgemäss weder sie selbst, noch auch ihre Urbilder.in einer nicht per-

vollkommen vorgebildet ist. (II cap. 23 § 16: „Trotz aller vermeintlichen Bekanntschaft und Vertrautheit mit dem Stoff und den vielen Eigenschaften, welche man an dem Körper wahrzunehmen und zu kennen überzeugt ist, wird sich doch wohl bei der Prüfung ergeben, dass man von den, den Körpern zukommenden ersten Eigenschaften keine mehreren und klareren Vorstellungen hat als von denen eines stofflosen Geistes." (II cap. 23, § A 6.) „Es scheint hiernach, dass diese erste, angeblich augenscheinliche Eigenschaft der Körper bei ihrer Prüfung uns so unbegreiflich wie irgend Etwas wird, und dass eine dichte ausgedehnte Substanz ebenso schwer zu fassen ist, als eine denkende und stofflose, wenn man sich dem auch noch so sehr entgegenstellt."

Nachdem Locke die subjektiv-geistige Natur von Ausdehnung, Dichtheit, Bewegung so klar hervorgehoben hat, erscheint es fast wunderbar, wenn er nun doch behauptet, dass diesen Vorstellungen die ihnen in den Dingen entsprechenden Eigenschaften ähnlich sind. (II. cap. 8, § 23.) „Sonach bestehen, recht betrachtet, die Eigenschaften der Körper aus drei Arten: erstens aus der Masse, Gestalt, Zahl, Lage und Bewegung oder Ruhe ihrer Teile. Diese Eigenschaften sind in ihnen, gleich viel ob wir sie wahrnehmen oder nicht." (II. cap. 23, § 9.) „Erstens die Vorstellungen der ersten Eigenschaften der Dinge, welche die Sinne wahrnehmen und die in den Dingen auch dann sind, wenn sie nicht wahrgenommen werden; dazu gehören die Masse, Gestalt, Zahl, Lage und Bewegung der Bestandteile der Körper; sie bestehen wirklich in den Körpern, auch wenn man nicht auf sie achtet."

Dass diese Behauptung des objektiven Elementes unserer Wahrnehmung nicht notwendiger Weise in der Natur der Sache liegt, hat der weitere Verlauf der philosophischen

---

cipierenden Substanz existieren können. Hieraus ist offenbar, dass eben der Begriff von dem, was Materie oder körperliche Substanz genannt wird, einen Widerspruch in sich schliesst. (cfr. ferner Cap. I, LXXVII.)

Entwickelung gezeigt; wenn also hier trotz der nachgewiesenen Ansätze zum reinen Idealismus Locke doch wieder an dieser objektivistischen Anschauungsweise festhält, so glauben wir hier den Einfluss zu erkennen, den die physikalische Denkart, wie sie uns in den naturwissenschaftlichen Schriften Descartes' in klassischer Form entgegentrat, doch noch geübt hat.
Sehen wir nun zu, welches Resultat Locke bei seiner Verstandes-Kritik erhält.

Indem er sich durch genaue Selbstbeobachtung prüft, was in unserer Seele mit den aus den beiden Quellen der inneren und äusseren Wahrnehmung uns zufliessenden Vorstellungen weiterhin geschieht, kommt er zu dem Resultat, dass selbst die am weitesten von der Sinnesempfindung abstehenden Vorstellungen, welche deshalb leicht für etwas von jener principiell Verschiedenes angesehen werden, sich von diesen beiden Quellen ableiten lassen. (IIcap. 12, § 1.) „Solche aus mehreren einfachen Vorstellungen gebildete Vorstellungen nenne ich zusammengesetzte." § 2. „Die Seele kann weder Vorstellungen von sinnlichen Eigenschaften über die hinaus haben, die ihr durch die Sinne von aussen zugeführt werden, noch andere Arten der Thätigkeit eines denkenden Wesens vorstellen, als die sie an sich selbst findet. Hat sie aber einmal diese Vorstellungen erlangt, so bleibt sie nicht auf die Wahrnehmung und das, was ihr von aussen sich bietet, beschränkt, sondern kann durch ihre eigne Kraft diese Vorstellungen verbinden und dadurch zusammengesetzte bilden, die sie als solche nie empfangen hat." (II cap. 11—20. 22—24.) Von den reichhaltigen Ausführungen, in welchen Locke die Kombination einfacher zu komplicierten Vorstellungen behandelt, wollen wir für unseren Zweck nur diejenigen herausgreifen, durch welche Locke alsbald in eine Beziehung zu Descartes tritt.

Hierher gehört vor Allem seine Analyse der Gottesvorstellung, welche, wie wir gesehen haben, dem kartesianischen Gottesbeweise zu Grunde liegt. (II 23, § 34). „Indem die Grade oder die Ausdehnung des Daseins, der Macht oder Weisheit und aller anderen Vollkommenheiten, die man vorstellen kann, welche dem höchsten, Gott genannten Wesen beigelegt werden, sämmtlich grenzenlos und unendlich sind, so entsteht daraus die bestmöglichste Vorstellung von ihm; aber all das geschieht nur durch Steigerung jener einfachen Vorstellungen, die man durch Selbstwahrnehmung von den Thätigkeiten der Seele und durch die Sinne von den äusseren Dingen entlehnt hat, zu jener Unermesslichkeit, zu welcher die Unendlichkeit sie ausdehnt."

So findet sich denn, dass die Vorstellung von Gott, wie sie von Descartes dogmatisch fixiert worden war, nichts enthält, was sich nicht aus einfacheren Begriffen herleiten liesse, und Locke macht so für den aufmerksamen Leser den kartesianischen Gottesbeweis zu nichte, selbst wenn er sich nicht in direkter Widerlegung gegen diesen wendet. In demselben fand sich nämlich, wie wir gesehen haben, der Trugschluss von der Vorstellung eines realen Gottes auf die objektive Realität desselben, hier bei Locke wird die Gottesvorstellung als Produkt unserer kombinierenden Phantasie nachgewiesen.

Locke zeigt noch in weiteren Ausführungen, wie selbst die Vorstellungen, die etwas so Grenzenloses zu enthalten scheinen, dass man sie unwillkürlich für etwas der begrenzten sinnlichen Wahrnehmung ganz Heterogenes ansieht und sie einer metaphysischen Quelle entflossen glaubt, sich durch Weiterbildung aus den Urvorstellungen in uns gebildet haben. (cfr. Buch II. cap. 17) (II 14 § 27.) „Dieselben Mittel und Quellen, welche zur Vorstellung der Zeit führen, gewähren auch die der Ewigkeit." (II 17 § 22) . . . zu zeigen, dass selbst die Vorstellung der Unendlichkeit trotz ihres scheinbar weiten Abstandes von jedem sinnlichen Gegenstande und jeder Thätigkeit der Seele, dennoch ebenso wie alle andern Vorstellungen nur in der Sinnes- und Selbstwahrnehmung ihren Ursprung hat."

Auf diese Weise schlägt Locke eine Brücke über die Kluft, welche bei Descartes zwischen dem abstrakten Denken und den Sinnesempfindungen besteht; oder wenn man die beiderseitigen Anschauungen bildlich bezeichnen will: Bei

Descartes schweben die Begriffe Unendlichkeit, Gott, Ewigkeit in metaphysischer Höhe über den trüben Gewässern des Irdischen, bei Locke sind sie die Spitze einer Pyramide, deren breite Basis die Wahrnehmung ist.

Sehen wir, was sich Locke bei seiner Selbstbeobachtung weiterhin ergibt. cfr. II. cap. 10. II cap. 25—28 IV cap. 1—2. IV. cap. 17. Das erste, was mit den Vorstellungen geschieht, die in uns durch die äusseren Bewegungsvorgänge erregt werden, ist, dass sie behalten werden. Die Fähigkeit, solche ehemals erhaltenen Eindrücke sich wieder gegenwärtig zu machen, heisst Gedächtniss. Damit ist die Möglichkeit gegeben, die Vorstellungen zu betrachten. Indem die Seele zwei Vorstellungen nebeneinanderhält und betrachtet, erhält sie auf anschaulichem Wege Gewissheit über ihre Uebereinstimmung (Identität) oder Verschiedenheit, über ihre Beziehung. In dieser anschaulichen Erkenntnis der Beziehung zweier Vorstellungen liegt der Grund zu allem Wissen. Alles Beweisen läuft darauf hinaus, die Mittelglieder zwischen zwei Endvorstellungen zu finden, derart, dass durch anschauliche Erkenntnis die Identität oder Verwandtschaft je zweier nächstliegender Vorstellungen erkannt wird. (IV cap. 2 § 1:) „All unser Wissen besteht darin, dass die Seele ihre eigenen Vorstellungen erfasst". § 2: „Auf dieser Anschaulichkeit beruht alle Gewissheit und Sicherheit unseres Wissens". § 7: „Bei jedem Schritte in dem bewiesenen Wissen ist ein anschauliches Wissen der Uebereinstimmung mit der nächsten als Beweismittel dienenden Zwischenvorstellung vorhanden." IV cap. 17 § 2. Der grösste Teil unseres Wissens beruht auf Ableitungen und vermittelnden Vorstellungen. § 7: „Gerade durch die Auffindung der Vorstellungen, welche die Verbindung entfernterer darlegen, wird der Vorrat des Wissens vermehrt und der Fortschritt der Wissenschaften und Künste herbeigeführt."

Mit der Erkenntnis, dass das Beweisen nur im Auffinden der Mittelvorstellungen besteht, zieht Locke gegen die syllogistische Schulform zu Felde, in welche jene anschauliche

Erkenntnis gezwängt, und die von den gelehrten Leuten als Mittel zur Erkenntnis so gepriesen wurde; schon Baco hatte sich gegen sie aufgelehnt, aber da seine gegensätzliche Forderung im Grunde ebenso dogmatisch war als jener Begriffsschematismus, so war damit der von ihm bekämpfte Feind nicht vernichtet, erst Locke deckt bei seiner Verstandeskritik, deren kausale Abhängigkeit von Descartes nachgewiesen wurde, die ganze Nichtigkeit des Formelwesens für den Fortschritt der menschlichen Erkenntnis auf. (IV cap. 17 § 4.) „Die Wahrheit und Vernünftigkeit wird besser erkannt, wenn die Vorstellungen einfach hinter einander geordnet werden, und daher bedarf man auch zur eigenen Ueberzeugung des Syllogismus nicht."

Indem Locke auch für die Mathematik das Auffinden der Mittelvorstellungen und die anschauliche Erkenntnis von der Uebereinstimmung der einzelnen Glieder als das Wesentliche und Beweiskräftige hinstellt, nicht aber die mathematischdeduktive Form, so haben wir hier implicite die Kritik der „Methode" Descartes'.

Dieser wollte, um Bürgschaft für die Richtigkeit seiner Schlussresultate zu haben, die Wissenschaft nach mathematischem Princip behandeln, aber er fasste als dieses Princip die mathematische Form; Locke steigt tiefer, er sieht das Wesentliche des mathematischen Beweisens in der anschaulichen Erkenntnis vom Verhältnis der einzelnen Glieder und fordert auch für die anderen Wissenschaften eine derartige Aufeinanderfolge der Vorstellungen, dass wir von ihrer Uebereinstimmung oder Nicht-Uebereinstimmung eine anschauliche Erkenntnis bekommen. (IV cap. 2 § 9.) „Es gilt allgemein für ausgemacht, dass nur die Mathematik der beweisbaren Gewissheit fähig sei. Allein die anschauliche Erfassung der Uebereinstimmung oder Nicht-Uebereinstimmung ist nicht auf ein Vorrecht der Zahlen, der Ausdehnung und der Gestalt beschränkt."

Schon Descartes hatte Tendenz auf Verbesserung des Verstandes, aber er fand nur die mathematische Form, die zwar den Intellekt für den Schulgebrauch bildet, ihn aber bei der Wendung auf Erkenntnis eher hindert; Locke löst ihn nun von dieser Fessel, indem er ihn auf anschauliche Erkenntnis und freie Folge von Vorstellungen weist, andererseits stellt er auch die Verbesserung des Verstandes und der Erkenntnismittel bewusstermaassen als Problem auf. (IV cap. 17 § 7.) „Ich bin zufrieden, wenn ich durch diese nicht ganz hierhergehörigen Ausführungen Andere veranlasse, sich nach neuen Entdeckungen umzuschauen und über die richtigen Hilfsmittel nachzudenken." „Sicher lassen sich hier noch Mittel zur Unterstützung der Vernunft in dieser höchst nützlichen Aufgabe finden."

Aber trotz des Gegensatzes, in den Locke durch seine Ausführungen über die Auffindung der Mittelvorstellungen und die anschauliche Erkenntnis zu Descartes' Methode kommt, zeigt er doch gerade hier eine Verwandtschaft mit Descartes; denn er vertheidigt dabei für die ausübende Naturwissenschaft die vorausbestimmende Thätigkeit des Verstandes, die bei Descartes im höchsten Grade vorhanden war, aber leider, da er sie dogmatisch verwandte, bei ihm zur Construktion eines Naturschemas führte. Indem nun Locke dem antecipierenden Denken in der exacten Forschung Raum gewährt,[1]) aber dabei die Erfahrung als korrigierenden Maassstab immer im Auge behält, rettet er von Descartes' spekulativ-naturwissenschaftlicher Art das Wesentliche, ohne deren dogmatischen Niederschlag mit in Kauf zu nehmen; ganz ähnlich wie er dem Sinne nach das cogitare est acceptierte, ohne die Ausartung desselben in einen metaphysischen Dogmatismus zu billigen.

Allerdings kann hier nicht, wie es dort wirklich der Fall war, von einem Kausalverhältnis die Rede sein, denn der blosse Anblick seines grossen Zeitgenossen Newton musste ihn allein schon zu jener Verteidigung des aktiven Denkens in der Naturwissenschaft führen[2]), — es ist eben nur eine

---

[1]) Hier liegt ein wesentlicher Unterschied Locke's von Baco.
[2]) cf. Brief an den Leser: „In einem Zeitalter, welches Meister, wie den grossen Huygens und den unvergleichlichen Newton, erzeugt

„Beziehung," welche einem bei der Betrachtung der beiden Philosophen auf anschaulichem Wege klar wird.

Es ergibt sich nun, wenn man von der Wahrnehmung als dem Quell aller noch so komplicierten Vorstellungen und dem Behalten als dem tiefsten Grunde unseres Wissens und Verstehens ausgeht, dass das letztere zwar desto geringer sein wird, je geringer nach Zahl und Art die Sinne, durch welche die Vorstellungen in der Seele vermittelt werden, und je geringer entwickelt das geistige Vermögen des Behaltens und Betrachtens ist; — dass aber jedenfalls überall, wo Wahrnehmung und Gedächtnis vorhanden sind, auch ein gewisses geistiges Leben statt hat. (II cap. 9 § 15:) „Wenn so die Wahrnehmung der erste Schritt und die erste Stufe zum Wissen und der Einlass alles Stoffes für dasselbe ist, so folgt, dass je weniger Sinne ein Mensch oder ein Tier hat, und je geringer und dumpfer die Eindrücke mittelst derselben und je schwächer die dabei auftretenden Vermögen sind, sie um so mehr im Wissen anderen Menschen nachstehen."

Nun zeigt sich, dass die Tiere diese Fähigkeiten, wenn auch in geringem Maasse, ebenso besitzt wie der Mensch, und damit tritt Locke in einen sehr bedeutungsvollen Gegensatz zu Descartes, in dessen auf logisch-mathematischem Wege construierter Welt die Tiere nur geistlose Maschinen waren, deren sämmtliche Lebensäusserungen sich als Wirkungen der spiritus animales, des expansionskräftigen Blutdampfes, leicht erklären liessen. (II cap. 10 § 10.) „Um andere Fälle nicht zu erwähnen, führe ich an, dass Vögel, welche Töne lernen, sich bestreben, die rechten Noten zu treffen, und das zeigt unzweifelhaft, dass sie wahrnehmen, die Vorstellungen im Gedächtnis behalten und als Muster benutzen; ohne das wäre es unmöglich, dass sie ihre Stimme den Noten anpassen könnten (wie sie doch thun), wenn sie keine Vorstellungen davon hätten."

Ich gebe zwar zu, dass die Töne eine Art mechanische

---

hat, gereicht es schon zur Ehre, wenn man als ein niedriger Gehilfe den Boden ein wenig reinigt und den Schutt aus dem Wege des Wissens entfernt."

Bewegung der Lebensgeister in dem Gehirn dieser Vögel bewirken, so lange der Ton angeschlagen wird; diese Bewegung mag sich zu den Muskeln der Flügel fortsetzen, und so der Vogel durch manches Geräusch mechanisch fortgescheucht werden; allein dies kann nicht erklären, dass während des Tones und noch weniger nach seinem Aufhören mechanisch eine solche Bewegung in des Vogels Stimmorgan bewirkt werde, die den Tönen einer fremden Stimme entspricht." (II cap. 11, § 11.) „Wenn die Tiere Vorstellungen haben und keine blossen Maschinen sind, wie Manche behaupten, so kann man denselben eine Art von Verstand nicht absprechen."

Durch diese Entwickelung füllt Locke die Kluft aus, welche Descartes' gewaltsamer, auf seine Vernunftthätigkeit stolzer Geist zwischen dem Menschen und der Tierwelt gerissen hatte, und zwar finden wir bei Locke dieses wichtige Ergebnis als Consequenz des aus Selbstbeobachtung resultierenden Gedankens, dass alle Begriffe sich auf Wahrnehmung und alles Wissen sich auf das Behalten im letzten Grunde zurückführen lässt.

Nach Descartes' Anschauung erhält die körperliche Maschine einzig im Menschen eine höhere Bedeutung, wo sich zu ihr die substantia cogitans oder, wenn man den Sinn aus dem Gehäuse seiner systematischen Ausdrücke hervorlockt, das logisch-mathematische Denkvermögen gesellt und sich wie ein Steuermann an das sonst mechanisch von Wind und Wellen getriebene Schiff stellt; und diese Selbstverherrlichung des Menschen muss den Ausblick in die lebendige Natur und somit den Fortgang in der Naturwissenschaft (im Locke'schen Sinne, welcher hierbei auch die geistige Natur meint) hindern: darum ist es von solcher Bedeutung, wenn Locke jetzt betont, dass der Mensch nicht dem Wesen, sondern nur dem Grade nach von den Tieren verschieden ist.

Die erste Erkenntnis, durch welche der Mensch aus seiner erträumten Höhe niedergestürzt wurde, war die Entdeckung, dass die Erde nicht der Mittelpunkt der Welt, sondern ein minimaler Teil derselben ist; bei Descartes klammert sich der Menschengeist in diesem Sturz an den Gedanken seiner göttlichen Erhabenheit, Locke lässt ihn nun ganz zum Boden der Wirklichkeit herabsinken, indem er zeigt, dass der Mensch nicht so erhaben über den anderen Geschöpfen steht, wie Descartes es dogmatisch formuliert hatte, sondern, dass er ein Glied in der Kette, ein Absatz in der Stufenfolge der Wesen ist.

Bei Descartes thront der Menschengeist auf einer zum Himmel ragenden, aber einsamen Höhe, bei Locke ist er herniedergestiegen, er wandelt bescheiden als Geschöpf unter Geschöpfen, aber dafür breitet sich nun die ganze Fülle des Naturlebens vor ihm aus. So finden wir denn bei Locke eine Fülle von Anschauungen und naturwissenschaftlichen Daten, die uns wie der Quell des Lebens anmutet, wenn man sich vorher durch die trockene Oede von Descartes' Schriften über die organische Natur durchgearbeitet hat, deren einziges Anschauliche in den Vergleichen des menschlichen Körpers mit einer Mühle, einem Wasserwerke etc. besteht.

Hier in seiner reichen Naturanschauung finden wir den Quell, aus welchem alles entspringt, was Locke über die „Beziehungen" (relations) sagt, dieselbe ist inhaltlich der Grund, weshalb dieser wichtige Begriff, der seine Anwendung und Erweiterung auf ästhetischem Gebiet durch Shaftesbury erfahren hat, bei Locke notwendiger Weise auftreten muss; mindestens bekommt dieser Begriff der „Beziehung", welchen er im Laufe seiner Auseinandersetzung da entwickelt, wo er über das Zusammenstellen der Vorstellungen und das resultierende anschauliche Wissen spricht, erst dadurch seine volle Bedeutung, dass sich unmittelbar damit der Gedanke von der wunderbaren Mannichfaltigkeit unserer Vorstellungen und dem Reichtum ihrer Beziehungen untereinander verbindet. (II cap. 25, § 7.) „Es giebt kein Ding, sei es einfache Vorstellung, Substanz, Eigenschaft oder Beziehung oder ein Wort davon, was nicht unzähliger Auffassungen in Beziehung zu anderen Dingen fähig wäre; deshalb bilden die Beziehungen einen grossen Teil der Gedanken und Reden der Menschen."

Es ist sehr bezeichnend, dass wir bei Descartes noch nichts von den „Beziehungen" gesagt finden; in sein System passen eben nur die Begriffe substantia und modus, er kann in seinen festgefügten Gedankenbau die unendliche Fülle von Anschauungen, welche sich unter jenem Begriff verborgen, nicht hineinbringen, dazu ist sein Haus zu klein; Locke macht umgekehrt, da, wo er notgedrungen allgemeine Bezeichnungen einführen muss, um die Vorstellungen systematisch zu ordnen, gerade auf ihre Mannichfaltigkeit aufmerksam, er gleicht einem Menschen, der uns auf einen Aussichtspunkt führt und zu unserer Orientierung rings in der reichen Landschaft einige Komplexe derselben mit einem Namen belegt, der von vornherein nichts sein soll als ein Verständigungszeichen. (II cap. 12, § 3.) „Wie mannichfach diese Vorstellungen verbunden und getrennt werden mögen, wie endlos auch die Zahl und Mannichfaltigkeit sein mag, womit sie das Denken des Menschen erfüllen und ergötzen, so lassen sie sich doch sämmtlich auf die drei Arten 1) der Zustände, 2) der Substanzen, 3) der Beziehungen zurückführen."

Kehren wir zu dem Gedanken von der Stufenfolge der Wesen zurück, der sich oben bei Locke als Folge seiner Untersuchungen über die Vorstellungswelt ergeben hatte. Dieser Gedanke kehrt bei Locke oft wieder und wird besonders da aktiv, wo es sich um die Vorstellung von übermenschlichen Geistern handelt. Nachdem Locke das grosse Gedächtnis eines gewissen Menschen erwähnt hat, sagt er: (II cap. 10, § 5.) „Solche Fälle können uns helfen für Wesen höheren Ranges, von deren grösseren Vollkommenheiten einen ohngefähren Begriff zu bekommen." — Ganz unmittelbar mit der Erkenntnis von der Stufenfolge der Wesen verbindet sich bei Locke der Gedanke, dass jede Art sich in einer ihrer Denkfähigkeit entsprechenden Lage befindet, dass sie ihren Lebensverhältnissen angepasst ist. So finden wir bei ihm in direkter Aufeinanderfolge die beiden nachstehenden Sätze: (II cap. 9, § 10.) „Freilich sind bei manchen Tieren der von der Natur bereiteten Zugänge für die Aufnahme von Wahrnehmungen so wenige, dass sie in dem schnellen und mannichfachen Wahrnehmen anderen Tieren erheblich nachstehen. Indess genügt dieses Wahrnehmen doch für den Zustand und die Verhältnisse dieser so eingerichteten Tiere, und es ist dafür so weislich angepasst, dass die Weisheit und Güte des Schöpfers aus allen Teilen dieses ungeheuren Weltgebäudes und aus allen Abstufungen und Rangordnungen der darin enthaltenen Wesen hervorleuchtet."

Locke führt als Beispiele die Auster und Meerschnecke an; für diese Geschöpfe, welche nicht die Fähigkeit der Ortsbewegung (Locumotion) haben, wäre es ganz nutzlos, wenn sie Sinnesorgane hätten, welche ihnen entfernte Gegenstände sichtbar machen würden. (II cap. 9, § 13.) „Was soll das Sehen und Hören einem Geschöpfe nützen, was sich nach Gegenständen weder hin noch von denselben fortbewegen kann, die es in der Ferne als gut oder schlimm wahrnimmt?"

Wenn auch Locke selbst nur wenige Beispiele der Anpassung (bezw. des Angepasstseins) bringt, jedenfalls ist bei ihm das Problem gestellt, dessen Lösung im Einzelnen bis auf den heutigen Tag das höchste Interesse der Naturforschung in Anspruch genommen hat.

Wenn er mit diesen Ausführungen auch nicht in eine direkte Beziehung zu Descartes tritt, jedenfalls sehen wir daraus, wie fruchtbar Locke's Gedanken für die Erforschung der organischen Natur werden mussten, deren Behinderung durch Descartes' Naturschema wir oben ganz besonders darzustellen gesucht haben.

Bisher haben wir die Konsequenzen betrachtet, welche sich für Locke bei der Betrachtung der Fähigkeiten des Wahrnehmens, des Behaltens und des Verbindens von Vorstellungen ergeben. Eine weitere Fähigkeit unserer Seele ist, wie wir uns durch Selbstbeobachtung überzeugen können, das „Abtrennen". (II cap. 11, § 9.) „Die Seele macht aus den besonderen Vorstellungen allgemeine und zwar dadurch, dass sie als Erscheinungen in der Seele aufgefasst werden, getrennt von allen anderen bestehenden Dingen und von den

Nebenumständen der wirklichen Dinge, wie Zeit, Ort oder anderen begleitenden Vorstellungen."

In dieser Fähigkeit des Abtrennens findet er den Unterschied des Menschen vom Tier. (II cap. 11, § 10.) „Sicher fehlt den Tieren das Vermögen des Abtrennens (§ 11.) „Hier mag also der Unterschied der Tiere von dem Menschen enthalten sein. Durch diesen eigentümlichen Gegensatz sind sie völlig getrennt, er dehnt sich zuletzt zu einer weiten Kluft aus."

Locke findet also im Abstraktionsvermögen den Gattungscharakter des Menschen.

Bei Descartes spiegelte sich das stolze Bewusstsein dieser abstrahierenden Vernunftsthätigkeit in fast allen wichtigen Begriffen seines Systems, in seinem strengen Dualismus, der seinen tieferen Grund in Descartes' scharfer Scheidung des Erkennenden vom Erkannten hatte, — im Automatismus, worin die Tiere, denen das Abstraktionsvermögen fehlt, zu blossen Maschinen herabgewürdigt werden, — in seiner Affektenlehre, in welcher er die Gefühlsregungen als eine unklare Empfindung der zufälligen Bewegungen der spiritus animales hinstellte, — ganz besonders auch in seiner Statuierung der Willensfreiheit.

Dieser Begriff war bei ihm eigentlich nur die philosophische Maske für die Freude über das Vermögen der Selbstbestimmung, welches mit seiner mächtigen Vernunftsthätigkeit unmittelbar verbunden war, leider lehnte er sich aber bei der Formulierung seiner inneren Erfahrung an die überkommene Terminologie an, man kann wohl sagen, mit einer gewissen Zweideutigkeit, so dass schliesslich nur dem Scholasticismus neue Nahrung gegeben wurde; unter der Hand wurde daraus wieder das alte dogmatische Unding eines von der Kausalkette losgelösten, ohne Notwendigkeit wählenden, vor Gott verantwortlichen Willens.

Was die übertriebene Wertschätzung des abstrakten Denkvermögens betrifft, welche wir im Allgemeinen als charakteristisch für Descartes kennen gelernt haben, so ist dieselbe von Locke durch die obige Ausführung in Verbindung mit dem früher über den Verstand der Tiere Gesagten auf ihr richtiges volles Maass zurückgeführt; in Bezug auf die „Willensfreiheit" kehrt Locke zu der Thatsache zurück, von welcher Descartes bei seiner Formulierung ausging, dass nämlich unser vernünftiges Denken einen grossen Einfluss auf unsere Handlungen üben kann, andererseits zeigt er, wie alle unsere Handlungen, selbst diejenigen, welche durch Vermittelung des vernünftigen Denkens vollzogen werden, im letzten Grunde aus einem Begehren unserer Seele entspringen und wie sich das „Wählen" irgend einer Handlung mit vollkommener Notwendigkeit aus unserer derzeitigen Gemütsbeschaffenheit ergibt. (ad 2. II 21, § 23.) Es ist unvermeidlich notwendig, die Verrichtung oder Unterlassung einer in der Gewalt des Menschen liegenden Handlung zu wählen, welche sich so seinen Gedanken vorstellt. (§ 24.) . . . . . er muss notwendig eines von beiden vorziehen, das Gehen oder das Nichtgehen. . . . . . Die Seele kann in solchen Fällen das Wollen nicht unterlassen. (§ 35.) Ein Mensch kann noch so überzeugt sein, dass die Tugend vorteilhaft und demjenigen als Lebensnahrung nötig sei, der Grosses in dieser Welt erreichen will oder seine Hoffnungen in jener Welt erfüllt sehen will; er wird doch seinen Willen nicht eher zu einer Handlung in Verfolgung dieses grösseren Gutes bestimmen, als bis er nach Rechtschaffenheit hungert und dürstet, und ein Unbehagen über deren Mangel fühlt. (§ 47. ad 1.) Naturgemäss entscheidet das grösste und drückendste Unbehagen über das erste Handeln. Dies ist die Regel, aber nicht ohne Ausnahme. Denn die Erfahrung lehrt, dass die Seele in der Regel die Ausführung und Befriedigung eines Begehrens hemmen kann. Dadurch wird sie frei für die allseitige Betrachtung der Gegenstände des Begehrens und deren Vergleichung mit einander. Hierin liegt die Freiheit, welche der Mensch besitzt. . . . . Dies scheint mir die alleinige Quelle der Freiheit, darin besteht das, was man, ich glaube unpassender Weise, freien Willen nennt."

Kehren wir zu Locke's Auseinandersetzung über die Fähigkeit des Abtrennens zurück. (II cap. 11, § 9.) „Solche von den Nebenumständen losgelösten Erscheinungen in der Seele, wobei man nicht mehr fragt, wann und mit welchen anderen sie in die Seele gekommen sind, häuft der Verstand auf als Zeichen, nach denen die wirklichen Dinge in Arten geordnet und darnach benannt werden, je nachdem sie mit diesen Mustern stimmen." (§ 11.) Verlässt man das Einzelne, so ist das Allgemeine, was übrig bleibt, nur ein von uns selbst gemachtes Geschöpf." (§ 12.) „Daraus erhellt, dass das Wesen der Arten der Dinge nur diese begrifflichen Vorstellungen sind."

Mit der Erkenntnis, dass die Arten nur Begriffsgebilde sind, gewissermaassen Fächer unseres Verstandes, in welche wir die Aussendinge hineinlegen, um uns danach in den letzteren zu orientieren, — wobei keineswegs ausgeschlossen ist, dass uns plötzlich einmal Dinge von der Art aufstossen, dass keins von den vorhandenen Fächern passen will, — ist endgiltig die Unsinnigkeit der Ansicht festgestellt, nach welcher diese Fächereinteilung schon in der Natur selbst besteht, wonach die genera und species Modelle und Formen sind, in welche die Lebewesen von Natur hineingepresst sind. Diese falsche Anschauung, um welche sich ja auch der das ganze Mittelalter durchziehende Streit der Realisten gegen die Nominalisten drehte, ist von jeher, wie Locke selbst ausführt, der Naturwissenschaft hinderlich gewesen, war es auch noch bis in die neuste Zeit, z. B. da, wo es sich um die Grenzbestimmung zwischen Tier und Pflanze handelte, und es ist das grosse Verdienst Locke's, durch seine erkenntnistheoretische Untersuchung definitiv das Richtige festgestellt zu haben.

Damit fällt eine zweite Schranke, welche den Blick seiner Zeitgenossen auf das unendliche Gebiet des Lebendigen noch hemmte; wie klärend diese Erkenntnis bei der Betrachtung der Naturdinge wirken musste, kann man bei Locke selbst in einem sehr eklatanten Falle bemerken. (IV cap. 4, § 13.) „Es klingt vielleicht als eine dreiste Sonderbarkeit, wenn nicht als offenbare Unwahrheit, wenn ich sage, dass gewisse missgestaltete Geschöpfe, die vierzig Jahre mit einander ohne

Vernunft gelebt haben, eine Art von Geschöpfen zwischen dem Menschen und dem Tier seien; das Auffallende hierbei kommt auch davon, dass man fälschlich meint, die Worte Mensch und Tier bezeichneten bestimmte, durch ihre wirklichen Wesenheiten unterschiedene Arten, so dass keine Art zwischen ihnen vorhanden sein könnte."

Wir sehen, welche weitgehenden Folgen die Erkenntnis der Arten als blosser Begriffsgebilde bei der Naturbetrachtung haben muss; es folgt daraus die Möglichkeit, dass zwischen den bestehenden, wegen ihrer Ähnlichkeit zu Gruppen zusammengefassten Wesen Zwischen- und Mittelglieder vorhanden sein können; wir sehen hier eine wichtige Weiterbildung des Gedankens, der sich oben ergeben hatte, dass nämlich in der Natur eine Stufenfolge, eine Rangordnung vorhanden ist, und der Gegensatz, in welchen Locke schon durch jenen zu Descartes getreten war, verschärft sich noch in bedeutender Weise. — — — —

Das Wesentliche in all diesen Ausführungen Locke's über die Vorstellungsbildung ist das Klarlegen einer genetischen Entwickelung, das Aufweisen wie eines aus dem andern hervorgeht. Locke spricht zwar dieses Princip nicht bewusstermaassen aus, es steckt bei ihm in nuce, muss aber Jedem, der sich in Locke vertieft, zur Klarheit kommen. Und hier in dem Gedanken der geschichtlichen Entwickelung finden wir gerade einen der Hauptunterschiede Locke's von Descartes, dessen Wesen wir in einer dogmatischen Starrheit erkannt haben.

Es wurde oben versucht, bei Descartes vorzüglich das Systematische, das Konstruktive hervortreten zu lassen, zu zeigen, wie Descartes sich aus dem umliegenden Material nur die Steine heraussuchte, welche für die Errichtung seines Gebäudes brauchbar waren; Locke's Werk kann man in diesem Sinne nicht als System bezeichnen, man muss es eine Naturgeschichte des menschlichen Verstandes nennen, welche mit ihrer Darstellung des Werdens, der Entwickelung von Natur jedem dogmatischen Zwange principiell entgegengesetzt ist.

Man kann Descartes System darstellen als Dreieck mit den drei Seiten substantia cogitans, materia extensa und Deus, Locke's Untersuchungen über den menschlichen Verstand

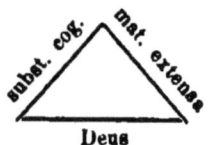

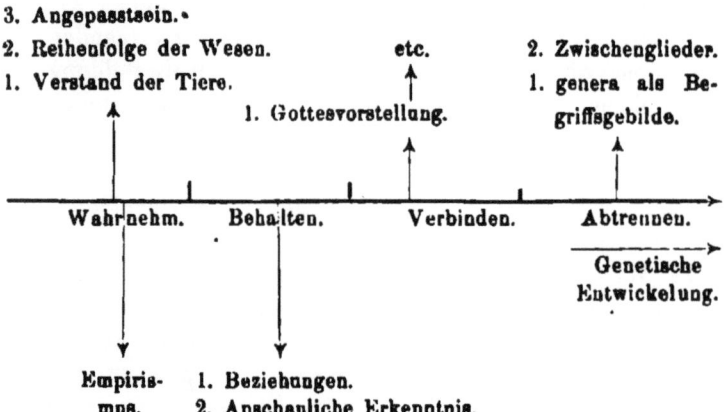

hingegen als gerade Linie, zu deren einzelnen Abschnitten (Wahrnehmen, Behalten, Verbinden, Abtrennen) als Koordinaten die weiteren Resultate gehören, welche sich aus den durch Selbstbeobachtung gewonnenen Thatsachen ergeben.

Durch das Eingehen auf die Frage nach der Entstehung, dem allmählichen Werden der Vorstellungen und der Dinge überhaupt, musste Locke die Naturwissenschaften im höchsten Grade anregen und der Erstarrung vorbeugen, in welche dieselbe unter der Herrschaft der Kartesianer sonst verfallen wäre.

Wenn wir so in der geschichtlichen Eigenart von Locke's Hauptwerk den bedeutendsten Unterschied von Descartes Dogmatismus finden, so muss es sonderbar erscheinen, wenn wir nun behaupten, dass Locke auch hier in gewissem Sinne einen weiteren Fortschritt auf einem schon von Descartes betretenen Wege gemacht hat. Wenn letzterer sich einmal mit allem Scharfsinn bemüht, die effectus per causas in der körperlichen Welt aufzuzeigen, andererseits als Ursache unserer Sensationen äussere Bewegungsvorgänge hinstellt, so ist das Gemeinsame in beiden Fällen die Anwendung des Kausalitätsbegriffes; wenn jetzt Locke auf den allmählichen Aufbau der Begriffe, auf das Entstehen des Komplicierten aus dem Einfachen, auf die gesetzmässig vor sich gehende Entwickelung unserer Vorstellungen hinweist und er andererseits auf dem Gebiete des Handelns zeigt, wie das Thun des Menschen stets aus seinen Gemütsregungen hervorspringt, so hat er damit zwei weitere Schritte in der Anwendung jenes Begriffes gethan. Nicht als ob ihm derselbe als Princip zum Bewusstsein gekommen wäre und er nach Descartes' Anwendung desselben auf Physik und physiologischen Reiz nun den leitenden Gedanken seines Lehrers auf das Gebiet der Vorstellungen und der Handlungen übertragen hätte, sondern diese Weiterbildung geht für Locke ganz unbewusst vor sich. Wir haben hier nicht etwa eine blosse „Beziehung" der beiden Philosophen vor uns, die nur für unsere subjektive Betrachtung Giltigkeit hätte, sondern wir sehen hier wirklich einen historischen Fortschritt; nachdem unter der stillschweigenden Voraussetzung des Kausalitätsbegriffes, die man eine dogmatische Selbstverständlichkeit nennen könnte, jene vier Gebiete behandelt worden waren, musste sich nun die Frage nach dem Ursprunge dieses scheinbar so selbstverständlichen Begriffes erheben, und wir sehen so rein theoretisch die innere Notwendigkeit einer Fragestellung ein, welche in Hume ihren menschlichen Träger gefunden hat. Ähnlich wie die notiones communes erst mit der überlegenen Kraft eines bedeutenden Geistes betont werden mussten, bevor sich die Forderung der Verstandeskritik mit ihren grundstürzenden Resultaten erheben konnte, so musste der Kausalitätsbegriff erst praktisch mit hervortretender Schärfe auf jenen Gebieten angewandt sein, bevor die kritische Auflehnung gegen diesen

dogmatischen Kausalitätsbegriff mit ihren höchst bedeutenden Folgen[1]) geschehen konnte. — — —
Wie wir gesehen haben, war Locke, indem er von der Wahrnehmung und dem Behalten als den letzten Gründen alles Wissens ausging, auf den Gedanken der Stufenfolge der Wesen und des „Angepasstseins" gekommen. Unter diesem letzteren Gesichtspunkte wird nun von Locke auch der Mensch betrachtet. (II cap. 23, § 12.) „Der unendlich weise Schöpfer der Menschen und der sie umgebenden Dinge hat die Sinne, Vermögen und Organe des Menschen den Bedürfnissen des Lebens und der hier von ihm zu erfüllenden Aufgabe angepasst."

„Wir brauchen uns über die Schranken unseres Geistes nicht zu beklagen, wenn wir ihn zu dem für uns Nützlichen anwenden, denn dazu ist er völlig geschickt." „Wir haben hier nicht alles zu erkennen, sondern nur das, was unseren Lebenswandel betrifft."

Diesen Gedanken des Angepasstseins, der sich bei Locke in weiterer Verfolgung seiner erkenntnistheoretischen Grundbegriffe ergeben hatte, benutzt derselbe also, um seinen natürlichen Ueberdruss an dem scholastischen Gelehrtentum mit einem philosophischen Aushängeschild zu versehen, um seinen kräftigen thätigen Willen zum integrierenden Bestandteil seiner Denkleistung zu machen. Das Eigentümliche dieses Vorganges wird durch eine Heranziehung der entsprechenden Begriffe von Descartes und Hobbes deutlicher werden. Die Begriffe „spiritus animales" (Descartes), „corpus" (Hobbes) und „Angepasstsein" (Locke) zeigen eine Analogie, nicht etwa durch ihren Inhalt, wohl aber in der Art ihrer Verwendung: Der vernunftstolze Descartes benutzt die spiritus animales, um seine Geringschätzung des Gefühlsartigen zum Ausdruck zu bringen; der naturalistisch denkende, aristokratisch fühlende Hobbes verwendet den Begriff corpus, um von seinen naturwissenschaftlichen Auseinandersetzungen auf seine Staatslehre

---

[1] Kant gesteht ja, gerade dadurch aus seinem dogmatischen Schlummer gerüttelt worden zu sein.

überzugehen¹), welche tief in seiner Eigenart den eigentlichen Grund hat; Locke hüllt seinen energischen Willen in das Gewand jenes Begriffes „Angepasstsein", um ihn in die Gesellschaft seiner erkenntnistheoretischen Begriffe einzuführen: alle drei versuchen hierbei die tief in ihrem Gemüts- und Willensleben begründeten Regungen in einen logischen Zusammenhang mit ihren theoretischen Bestimmungen zu bringen.

Locke führt also mit jenem Begriff seine positive Moral, seine Wertschätzung des Praktischen und Nützlichen in seinen philosophischen Gedankenkreis ein. Dieser Grundzug seines Wesens tritt überall in seinem Werke hervor, seine Äusserungen über Moral nehmen einen hervorragenden Platz in seiner Hauptschrift ein. Was Descartes über das Leben in der Menschengemeinschaft vorbringt, ist negativer Natur, indem er Fügsamkeit gegen die bestehende Ordnung anempfiehlt, ganz seinem eignen auf stille Meditation angelegten Wesen entsprechend, er ist der Vertreter des durch die Banden von Kirche und Monarchie beschränkten und deshalb auf sich selbst hingewiesenen (Festland-) Geistes; Locke vertritt eine positive Moral, er empfiehlt stets ein praktisches* Eingreifen in die Wirklichkeit, und giebt sich grosse Mühe um den theoretischen Nachweis, dass die Moralgrundsätze ebenso erweislich sind als die Grundsätze der Mathematik, er ist der Vertreter des thatkräftigen, trotzigen, auf seine Gedankenfreiheit stolzen Liberalismus der „glorreichen Revolution".

Von hier aus haben wir einen tieferen Einblick in die auf den ersten Anblick sonderbare Erscheinung, dass sich neben Locke's Hauptwerk Schriften finden „Über das Münzwesen", „Über die bürgerliche Regierung" etc.; die Richtung auf das Praktische, die er in seinem Hauptwerk theoretisch

---

¹) cf. Epist. dedicat. Element. phil. De homine. Homo enim non modo corpus naturale est, sed etiam civitatis, id est (ut ita loquar) corporis politici. Quam ob rem considerandus erat tum ut homo tum ut civis.

vertritt, wird hier bei ihm aktiv, er nimmt selbst teil an den die Zeit bewegenden Fragen politischer und socialer Natur. Das Staunen über die sonderbare Zusammenstellung, welche ein Verzeichnis seiner Werke zeigt, löst sich so in der Erkenntnis des inneren Zusammenhanges auf, ganz ähnlich wie bei Descartes, dessen Werke principia philosophiae, de formatione foetus, meteorum libri etc. auch sehr heterogen erscheinen können, bis man erkennt, wie seine naturwissenschaftlichen Darlegungen mit Konsequenz aus seinen philosophischen Prämissen hervorgehen.

Hier liegt auch eine Ähnlichkeit zwischen den beiden Denkern, die nämlich, welche zwischen allen bedeutenden Geistern besteht, dadurch dass bei ihnen Schriften und Handlungen, Gedanken und Lebensführung aus dem starken Quell einer einheitlichen Persönlichkeit hervorgehen.

Wir haben oben gezeigt wie Locke durch seine Analyse der Gottesvorstellung den Gottesbeweis Descartes' zunichte machte. Der Gottesbegriff hatte sich für Descartes bei seinem Versenken ins Innere ergeben, ganz wie das cogitare est, aber er verstand seine eigene Entdeckung nicht, das Princip der inneren Erfahrung kam ihm nicht zur Klarheit, und so schlug er seinen Gottesglauben in dogmatische Fesseln; erst Locke spricht auch in Bezug auf das Wissen von Gott das erlösende Wort aus: Intuition! (IV cap. 10, § 1.) „Die Seele muss diese Wahrheit von einem Stück unseres anschaulichen Wissens ableiten, sonst bleibt sie hierüber ebenso unsicher und unwissend wie bei anderen Sätzen" „um darzulegen, dass wir Gott erkennen d. h. von seinem Sein Gewissheit erlangen können, braucht man nicht über sich selbst und die unzweifelhafte Gewissheit unseres eigenen Daseins hinauszugehen".

Wenn man zu dem Gedanken von der unmittelbaren Erkenntnis Gottes ohne logische Deductionen das Staunen vor der wunderbaren Zweckmässigkeit der Schöpfung hinzunimmt, welches Locke bei der Betrachtung des Angepasstseins der Geschöpfe ergriffen hatte, so haben wir hier die Grundmotive der natürlichen Religion. Überall finden wir bei Locke unmittelbar bei den Betrachtungen über den Bau des All's, über die unendliche Mannichfaltigkeit der Natur, über die Rangordnung der Geschöpfe, bei all diesen Gedanken, deren Zusammenhänge mit den Ausgangspunkten seiner Betrachtung schon ausgeführt wurden, auch die Erwähnung des Schöpfers und Ordners der Dinge. Durch Aufmerksamkeit auf die Schöpfung, wie sie sich uns durch äussere und innere Wahrnehmung kundthut, durch Selbstthätigkeit unseres Geistes erheben wir uns zu dem Göttlichen, und in dieser Vertretung der Selbstthätigkeit der Vernunft besteht der wichtige Gegensatz des Locke'schen Denkens zu dem Wesen der geoffenbarten Religion.

Um diese letztere gegenüber der Vernunftreligion in Hintergrund treten zu lassen, entwickelt sich bei Locke noch ein Grund aus seinen Betrachtungen über die Unvollkommenheit der Sprache (Buch III cap. 9, § 23): „Wenn auch alles im Texte Gesagte untrüglich wahr ist, so ist doch der Leser in der Auffassung des Sinnes grossen Irrtümern ausgesetzt. Auch kann es nicht auffallen, wenn der in Worte gekleidete Wille Gottes den Zweifeln und der Ungewissheit unterliegt, welche bei dieser Art der Mitteilung unvermeidlich sind."

Wir sehen also hier, wie Locke von verschiedenen Seiten auf die Aussprache des Wortes gedrängt wurde, das im weiteren Verlauf der Aufklärung so bedeutungsvoll werden sollte: „Natürliche Religion."

Schon in den ontologischen Beweisen Descartes' kann man eine solche spontane Erhebung der Vernunft zu Gott erkennen, aber das Princip des selbstthätigen Erkennens ist hier noch nicht bewusstermaassen ausgesprochen, erst bei Locke wird es zielbewusst und stellt sich als Vernunftreligion Anerkennung heischend neben den kirchlichen Glauben. (III cap. 9 § 23). „Wenn daher die Lehren der natürlichen Religion einfach und für alle Menschen verständlich sind, wenn selten Streit darüber entsteht, während die geoffenbarten Wahrheiten, die wir durch Bücher und in Worten überkommen haben, den allgemeinen und natürlichen Schwierigkeiten und der Dunkelheit der Worte unterliegen, so dürfte es sich ziemen, sorgfältiger und eifriger in Befolgung jener zu sein, und weniger schulmeisterlich sicher und befehlshaberisch in Erklärung und in Unterschiebung der eigenen Meinung bei letzterer".

Descartes behandelte die Kirchenlehren sozusagen mit einer devoten Höflichkeit, er wendet die Kritik zunächst nur auf die Dinge, de quibus fides divina nihil docet; bei Locke finden wir die zweite Stufe dieser Entwickelung, bei ihm setzt sich die Vernunft als ebenbürtiges Princip dem Glauben zur Seite. — — — —

Zum Schluss wollen wir einen Rückblick auf die vorangegangene Entwickelung thun, und zwar wollen wir diese Recapitulation in der Weise vornehmen, welche Locke selbst seinen Auseinandersetzungen gemäss[1]) vermutlich billigen würde, nämlich einfach durch Aneinanderreihung der anerkannten Begriffe, so dass wir „eine anschauliche Erkenntnis von der Beziehung der einzelnen Glieder bekommen".

Descartes' Flucht vor Scholasticismus und Skepticismus — Versenken ins Innere — Übertriebener Verlass auf die ersten Resultate der inneren Wahrnehmung, — substantia cogitans, deus, libertas arbitrii — principielle Unterscheidung der substantia cogitans und materia extensa — konsequente Deduktion von den Prämissen — Dogmatismus in Naturwissenschaft und Metaphysik — neuer Scholasticismus und Skepticismus; — Locke's totale Abwendung von dogmatischer Metaphysik und unpraktischem Gelehrtentum — Kritik des Erkenntnismittels als erstes Erfordernis — Begriff der äusseren Erfahrung durch Aufnahme der Unterscheidung von substantia cogitans und materia extensa — der inneren Erfahrung durch Vertiefung des cogitare est — Untersuchung der Vorstellungswelt — Gedanke der genetischen Entwickelung — Bestimmung des Menschen zu praktischer Thätigkeit — positive Moral — Selbstthätigkeit der Vernunft — Naturreligion — Vernunft als selbstständiges Princip neben dem Kirchenglauben.

---

[1]) IV cap. 17 § 4. Anschauliche Erkenntnis.

Wir haben also erkannt, dass trotz der scheinbaren Unabhängigkeit seines Werkes Locke doch gerade bei den Begriffen, von welchen er bei der Untersuchung des menschlichen Verstandes ausging, ein directer Weiterbildner Descartes' ist, dass gerade er die wirklich lebensfähigen Keime, welche in Descartes' System verborgen lagen, zur vollen Entfaltung gebracht hat.

Druckfehler-Verzeichnis.

Seite 3 Zeile 7 v. u. statt „eognitionem" lies „cognitionem".
Seite 5 Zeile 10 v. o. statt „den" lies „der".
Seite 7 Zeile 11 v. u. statt „undiquagne" lies „undiquaque".
Seite 14 Zeile 9 v. o. statt „callida" lies „calida".